Le Terrorisme
contre la démocratie

Jean-François Revel est né en 1924 à Marseille. Ancien élève de l'Ecole Normale Supérieure et agrégé de philosophie, il a enseigné à Tlemcen, Mexico, Florence, Lille et Paris. En 1963, il quitte l'enseignement. Tout en écrivant ses livres, traduits en plusieurs langues, J.-F. Revel a dirigé des collections chez divers éditeurs. Journaliste, il a collaboré, depuis 1958, à de nombreux journaux et revues, français et étrangers. Éditorialiste à l'Express *de 1966 à 1979, puis directeur de la rédaction de 1979 à 1981. Éditorialiste au* Point.

DU MÊME AUTEUR

HISTOIRE DE FLORE
POURQUOI DES PHILOSOPHES?
POUR L'ITALIE
LE STYLE DU GÉNÉRAL
SUR PROUST
LA CABALE DES DÉVOTS
EN FRANCE
CONTRECENSURES
LETTRE OUVERTE À LA DROITE
PENSEURS GRECS ET LATINS
LA PHILOSOPHIE CLASSIQUE
NI MARX NI JÉSUS
IDÉES DE NOTRE TEMPS
LA TENTATION TOTALITAIRE
LA NOUVELLE CENSURE
UN FESTIN EN PAROLES
LA GRÂCE DE L'ÉTAT
LE REJET DE L'ÉTAT

Ont paru dans la même collection :

POURQUOI DES PHILOSOPHES? suivi de
LA CABALE DES DÉVOTS, nouvelle édition.
UN FESTIN EN PAROLES
COMMENT LES DÉMOCRATIES FINISSENT

Collection *Pluriel*
dirigée par Georges Liébert

JEAN-FRANÇOIS REVEL

Le Terrorisme contre la démocratie

HACHETTE

PRÉFACE

Le Front de la terreur

Dans son livre, *Game Plan*[1], sur le « cadre géostratégique » du monde actuel, Zbigniew Brzezinski, ancien conseiller à la Sécurité du président Carter, distingue trois « fronts » principaux dans le combat de cette fin du XXe siècle entre la démocratie et ses ennemis. D'abord, le front extrême-occidental de la péninsule eurasiatique : c'est, en gros, l'Europe, avec sa fracture entre l'Est et l'Ouest. Ensuite, le front extrême-oriental de l'Eurasie : Corée, Japon, zone Pacifique Nord. Enfin, le front sud de l'Eurasie : Afghanistan, Pakistan, Inde et Asie du Sud-Est, Pacifique Sud.

Brzezinski oublie un front très important qui n'a pas de localisation géographique particulière : le front de la terreur.

On connaît la formule très répandue : « Le terroriste de l'un, c'est le résistant de l'autre. » (*Your terrorist is my freedom-fighter and my freedom-fighter is your terrorist.*) Elle implique, à tort, que

1. New York, 1986.

les critères qui rendent la violence légitime ou illégitime au regard des droits de l'homme seraient purement subjectifs. Elle sous-entend ce postulat que l'on n'obtiendrait jamais rien de décisif sans user de violence. Ce serait particulièrement vrai, dit-on, des minorités. Il existe au XXe siècle une sorte de réhabilitation de la violence, comme si user de violence était en soi un début de preuve que l'on est dans son bon droit.

Cette façon abstraite et absolue de raisonner revient à poser en principe que seul l'utilisateur serait apte à définir les critères selon lesquels la violence est légitime. Dès lors, le principe s'applique aussi bien à l'oppression qu'à la rébellion. Il n'y a plus de grief valable contre un État tyrannique qui estime être fondé à utiliser la force pour se maintenir ou pour refuser de faire droit à des revendications qui lui déplaisent. Si chacun est seul juge de sa cause, pourquoi pas lui? Lorsqu'une minorité, surtout une minorité idéologique, estime pour sa part être seule juge des raisons qui justifient à ses yeux, et à ses yeux seuls, l'usage de la violence, tels jadis les Tupamaros uruguayens ou aujourd'hui le « Sentier lumineux » péruvien, cette minorité reconnaît par là même aux détenteurs de la force répressive le droit d'effectuer eux aussi la même démarche, et de s'en rapporter à leur seul jugement pour décider de la légitimité de la répression, de son étendue et de ses moyens.

Parmi les nuisances les moins citées du terrorisme international figurent l'indigence intellectuelle de ses perroquets idéologiques et le galimatias pédant de leurs écrits « théoriques ». A la liste des crimes des Brigades rouges, il faut ajouter ceux qu'elles ont commis contre la langue italienne et la philosophie occidentale. Toutes les conversations que j'ai eues avec des terroristes, durant ces années de sang, ont terrassé mes ultimes illusions sur les vertus du « socialisme scientifique » comme école de pensée rigoureuse. Chaque fois que j'ai demandé à un Etarra (membre de l'E.T.A. militaire) si le fait d'assassiner un innocent crémier qui avait refusé de payer l' « impôt révolutionnaire » ne légitimait pas, en quelque sorte par avance, les représailles de la Garde civile, ou bien l'extradition des Etarras qui se gobergeaient dans les restaurants de Biarritz, je lisais dans le regard de mon interlocuteur l'expression à la fois étonnée et indifférente qu'éprouve tout individu normal à l'énoncé d'une proposition totalement inintelligible, d'un non-sens relevant plus de la compassion muette que de l'explication articulée. Tout ce que je tirais de mon dialecticien révolutionnaire, c'était : « Nous avons raison et eux sont des salauds. »

Une fois cette logique admise, pourquoi un coup d'État militaire serait-il moins légitime qu'un attentat à la bombe dans un grand magasin? En quoi les soldats et policiers argentins qui enlevaient des civils pour les torturer et les assassiner à l'époque des *desaparecidos* seraient-ils moins habilités à juger de l'excellence de leur propre cause et de leurs méthodes que les terroristes Montoneros, chez qui le respect de la vie humaine ne brillait pas d'un plus vif éclat? Parce que la crise en Argentine, quand les Montoneros entamèrent la guérilla urbaine, ne relevait plus d'aucune autre solution que la violence révolutionnaire? Mais c'est précisément ce diagnostic meurtrier que de nombreux historiens aujourd'hui jugent fou et stupide, comme le faisaient de nombreux analystes à l'époque des faits. Les Montoneros répondaient : « Nous obéissons à une autre logique, nous ne reconnaissons pas vos principes, nous ne croyons pas à vos prétendues solutions démocratiques, vous ne pouvez pas nous comprendre. » Fort bien. Mais si l'on se proclame juge souverain de la légitimité pour soi-même de la violence pure, il n'y a qu'hypocrisie et lâcheté à invoquer ensuite les droits de l'homme quand cette violence pure devient celle de l'ennemi. Rappelons que les Montoneros argentins comme les Brigadistes rouges italiens ne toléraient même pas d'*opinion* critique sur eux, puisqu'ils ont abattu de nombreux journalistes, coupables seulement d'avoir *écrit des articles* contestant leur interprétation des « conditions objectives » appelant la guérilla.

Les terroristes idéologiques de la bande à Baader, d'Action directe ou des Brigades rouges se contredisent donc lorsque, d'une part, ils décrètent se trouver dans une société où l'assassinat est le seul recours possible pour combattre l'injustice et, d'autre part, étant arrêtés ou extradés, ils réclament toutes les garanties d'un État de droit, dont ils avaient toujours jusque-là nié l'existence même. Notons au passage que, dans cette perspective idéologique, seules les démocraties dans notre monde devraient s'interdire l'usage de la violence, non seulement bien entendu pour attaquer, mais même pour se défendre.

Fort heureusement, il existe des critères permettant d'échapper à ce subjectivisme. Il n'est tout de même pas très difficile de répondre aux questions suivantes : un pays est-il, oui ou non, occupé par une armée étrangère? Ou bien, ce qui revient au même, le pouvoir militaire et politico-policier y est-il ou non l'émanation évidente et directe d'une puissance étrangère? Des élections y ont-elles ou non eu lieu récemment, avec des garanties de pluralisme et de régularité vérifiables et permettant aux minorités de se compter? Le pouvoir judiciaire y est-il réellement indépendant du pouvoir politique? La liberté d'opinion et d'expression y est-elle respectée? Trouve-t-on dans le pays des prisonniers politiques pour délit d'opinion?

Il est surprenant de voir à quel point ces critères très simples sont peu pris en considération. Que l'on soit pour ou contre l'U.N.I.T.A. ou le M.P.L.A., une chose en tout cas est sûre : selon les accords d'Alvor, des élections devaient avoir lieu en Angola en 1975. Et, du fait du M.P.L.A., elles n'ont jamais eu lieu. Il n'y a donc pour l'heure aucune légitimité en Angola, ni d'un côté ni de l'autre. En revanche, on peut être pour ou contre l'E.T.A. basque espagnole, mais une chose est également sûre : depuis 1977, pas moins de neuf consultations électorales ont eu lieu dans les provinces basques, et jamais le parti Herri Batasuna, face émergée de l'E.T.A. militaire, n'a obtenu plus de 15 à 17 % des voix. Ce n'est pas insignifiant : c'est très loin de l'unanimité ou même de la majorité. Certes, la démocratie n'est pas seulement le système où la majorité exerce le pouvoir à la suite d'élections libres, c'est aussi celui où elle respecte les droits des minorités, et où les minorités, politiques ou autres, ont les moyens légaux de faire valoir ces droits. Mais même en démocratie, une minorité peut fort bien être au pouvoir et non dans l'opposition. C'est même un cas assez fréquent. Peut-elle alors légitimement exercer et conserver par la violence le monopole du pouvoir contre la majorité? On s'accorde en général à dire que non, bien que la subjectivité idéologique compte là encore beaucoup quand il s'agit de désigner les cas blâmables. Inversement, une minorité se trouvant dans l'opposition peut recourir à la violence dans une démocratie parce qu'elle veut, comme l'E.T.A. militaire, conquérir le monopole du pouvoir pour elle-même, tout en sachant qu'elle ne peut y parvenir par la voie électorale. Ce cas n'est pas moins condamnable que le précédent, mais il trouve aussi ses avocats.

On oublie que les régimes totalitaires ou autoritaires ne sont tels pour la plupart que parce qu'ils sont minoritaires. S'ils étaient sûrs de garder le pouvoir en recourant à des élections libres et pluralistes, ils ne se priveraient pas de cette consécration. On peut donc sans paradoxe les considérer comme des minorités revêtues par leurs propres soins d'une légitimité dite « profonde », par laquelle ils s'autorisent eux-mêmes à user de la violence pour rester au pouvoir.

Le pouvoir blanc sud-africain, c'est une minorité qui s'impose à une majorité. Mais le critère racial n'est pas le seul, il est même très loin d'être le seul, selon lequel cette relation existe, même s'il la rend particulièrement manifeste. Tout régime totalitaire repose sur l'asservissement de la majorité par une minorité, la *nomenklatura*. Relativement à la violence et aux droits de l'homme, l'antagonisme majorité-minorité n'est donc pas un critère suffisant. La minorité qui, aujourd'hui, se juge opprimée et recourt à la violence pour s'emparer du pouvoir peut, si elle y parvient, continuer demain à utiliser cette même violence pour opprimer cette fois la majorité.

Il n'est donc pas impossible de définir les cas dans lesquels, du point de vue des droits de l'homme, l'usage de la violence peut être considéré comme légitime et les cas où, au contraire, il vise à imposer un ordre politique et social, autoritaire et irréversible, à une majorité qui n'en veut pas. On pourrait écrire toute une histoire des sociétés contemporaines sous l'angle de la tyrannie exercée par des minorités sur des majorités.

Enfin, même lorsque la résistance à l'oppression, la désobéissance civique, expressément prévues par certaines constitutions démocratiques, paraissent devoir s'appliquer à la défense des droits fondamentaux, la violence n'est pas pour autant toujours politiquement productive. L'histoire infirme largement le préjugé selon lequel la correction des injustices n'aurait jamais été due qu'à l'usage de la violence. Ce préjugé reflète non la réalité, mais une philosophie de l'histoire parfaitement abstraite. La violence a malheureusement beaucoup plus servi à anéantir des droits qu'à en conquérir.

Si le terrorisme n'a pas réussi à s'emparer du pouvoir en démocratie, récemment, il a en revanche réussi à s'emparer des cerveaux, plus exactement à décerveler l'Occident et à lui inculquer toutes sortes de fantasmagories. Il y aura une « histoire comique du terrorisme » à écrire un jour, qui montrera tristement que l'épopée de la bêtise peut, elle aussi, être jalonnée de cadavres.

Ce fut en 1979, lors d'une campagne contre la « nouvelle droite », que l'on commença en France à reparler d'un péril fasciste. En 1980, l'attentat contre la synagogue de la rue Copernic compléta la silhouette de l'ennemi. Étions-nous à Berlin en

1933? En 1983, les premiers gains électoraux du Front national révélèrent l'élargissement du fléau : le racisme et la xénophobie, dirigés contre les immigrés.

Certes, ne commettons jamais l'imprudence de juger caduques les forces du mal que l'humanité tient comme en réserve. Le grand film de Claude Lanzmann sur l'Holocauste, *Shoah*, nous rappelle toujours que l'inconcevable peut s'accomplir. Mais le respect dû à la mémoire des martyrs juifs exige que nous ne les mêlions pas à des querelles d'un désintéressement douteux. Après l'attentat de la rue Copernic, le 3 octobre 1980, des milliers de Parisiens (dont moi) défilèrent de la Nation à la République en signe d'indignation. Certains voulaient seulement marquer leur solidarité avec les victimes. En revanche, plusieurs organisations ou partis se préoccupèrent surtout de désigner, comme auteurs du crime, l'extrême droite française et, si possible, par extention, la droite tout entière. Au bout de quelques jours, la police découvrit la provenance proche-orientale des assassins. Mais personne alors n'entendit parler d'une seconde manifestation qu'auraient convoquée les mêmes formations pour dénoncer, cette fois, les vrais coupables. Les faux, semble-t-il, leur avaient suffi.

Malgré cette maldonne, le démon des drames pervers recommença de s'agiter après le carnage de la rue des Rosiers, le 9 août 1982. Revenant sur cette affreuse journée, *Le Monde* (4 avril 1985) écrit avec lucidité : « L'hypothèse d'un crime fasciste paraissait évidente; il était presque inconvenant d'en avancer une autre. » Pourquoi paraissait-elle évidente? Notamment parce que le ministre de l'Intérieur socialiste, Gaston Defferre, n'avait pas craint de l'avancer. La police antiterroriste sait aujourd'hui (elle l'a su très vite, d'ailleurs) que ce peloton de tueurs aussi venait du Proche-Orient. On a reconstitué ses accointances avec Damas et la Bulgarie, son rôle dans les attentats contre les synagogues de Vienne, en août 1981, et de Rome, en octobre 1982. Un réseau dirigé de l'extérieur frappe les lieux juifs dans l'Europe entière.

Pourquoi donc trouve-t-on chez nous des voix pour attribuer les atrocités de ce réseau à une maladie interne de la société française? Après l'explosion au cinéma où se déroulait un festival du film juif, le 29 mars 1985, des manifestants (à bon droit outrés, bien entendu) reprirent aveuglément ce réquisitoire. Chaque fois, sans le moindre indice initial, avant tout commencement d'enquête, on impute d'emblée le crime à un antisémitisme d'origine strictement française et qui, pour se porter à d'aussi abominables extrémités, aurait atteint déjà le stade préparatoire d'un génocide!

Lutter contre l'antisémitisme est une chose. S'accuser entre compatriotes de forfaits dont nous sommes innocents, voire les inventer de toutes pièces, comme dans le cas du prétendu attentat contre la synagogue de Marseille, c'en est une autre, injuste et dangereuse.

En mars 1983, en effet, durant la campagne pour les élections municipales, à Marseille, une voiture explosa en pleine nuit près d'une synagogue, tuant ses deux occupants. Le maire de Marseille sortant, et d'avance battu (il ne fut réélu que grâce à la fraude), le ministre de l'Intérieur, Gaston Defferre – encore lui! –, accusa aussitôt la droite libérale, c'est-à-dire son concurrent de l'U.D.F., Jean-Claude Gaudin, d'avoir ordonné cet attentat antisémite. Pourquoi celui-ci l'aurait-il fait et quel bénéfice électoral aurait-il pu, diantre!, en retirer? Au royaume du mensonge, c'est un genre de questions qu'on ne se pose même plus. On se la posa d'autant moins qu'il apparut dès le lendemain que la voiture piégée visait en réalité... une boîte de nuit située dans la même rue. Il s'agissait d'un règlement de comptes crapuleux entre truands. Ainsi, la gauche, dans un premier temps, accuse l'extrême droite. Dans un second temps, elle opère un amalgame entre l'extrême droite et la droite tout entière. En conclusion, elle affirme ou suggère qu'il ne saurait donc y avoir de démocrates authentiques en dehors d'elle-même. « M. Chirac dirige le parti bonapartiste; M. Chirac ne cesse de rêver de Brumaire », s'exclamait Pierre Mauroy le 24 mai 1984 à l'Assemblée nationale, avec son sens aigu de la mythologie historique.

Raymond Aron raconte dans ses *Mémoires* comment, après l'attentat de la rue Copernic, un journaliste qui l'interrogeait essaya de le pousser à dire que le coupable ou l'inspirateur était Alain de Benoist avec sa « nouvelle droite ». Au même moment, *L'Humanité* écrivait : « Avec Valéry Giscard d'Estaing, on croirait lire Alain de Benoist. » Et Maurice Duverger assimilait les « nouveaux économistes » à la « nouvelle droite ». Ainsi, la chaîne bouclait tout le monde : les libéraux ne se distinguaient en rien d'une école à laquelle on prêtait des tendances néo-nazies pouvant aller jusqu'à l'homicide raciste! Cet amalgame reposait en outre sur un contresens intellectuel grossier : la « nouvelle droite » est antilibérale, « païenne », anti-américaine, relativement prosoviétique; elle n'est pas un mouvement d'audience populaire, contrairement à ce qu'est devenu le Front national.

Dès que se dessina l'ascension de ce dernier, la gauche recommença sans tarder à fourrer toute l'opposition dans ce nouveau sac. Cette fois-ci, l'enjeu dépassait la pure propagande, en raison du poids électoral croissant de Le Pen. Mais la série d'équations restait la même : Le Pen égale racisme; racisme égale droite; droite égale extrême droite, qui égale fascisme, qui égale terrorisme. Comme l'observe René Rémond (*Le Monde*, 16 avril 1985) : « La gauche n'admet pas de bon gré qu'il puisse y avoir des républicains sincères en dehors de ses rangs... Elle trouve commode de rejeter quiconque est plus à droite qu'elle dans l'enfer de l'extrême droite. » Plus commode, surtout, de dénoncer un danger fasciste dans le libéralisme devenu le plus efficace concurrent du socialisme moribond, un adversaire dont au demeurant le socialisme adopte subrepticement les solutions pour survivre.

Les épisodes et les types d'argumentation ou d'aberration que je viens d'évoquer éclairent la face peut-être la plus intrigante du terrorisme moderne : à savoir qu'il a été constamment mal compris, mal interprété, mal expliqué, mal connu et donc forcément mal combattu par les sociétés qu'il visait à détruire. Dirigeants politiques, élites culturelles, presse et médias ont tous peu ou prou contribué à cette erreur. Les articles que je réunis dans ce volume, échelonnés tout au long de la décennie

1977-1987, constituent en quelque sorte la chronique, le constat de cet aveuglement, mais aussi d'un lent déniaisement. Ce déniaisement, hélas!, s'il a bien eu lieu, à force de sang versé, a ponctuellement été en retard d'une étape sur l'évolution du terrorisme même. Chaque fois que nous abandonnions une interprétation inadéquate, nous la remplacions par une autre qui eût peut-être été un bon guide pour l'action deux ans auparavant, mais qui se trouvait déjà dépassée par un nouveau stade dans l'organisation, la coopération, la tactique et la propagande terroristes. Pour parler en termes hégéliens, le concept a été régulièrement en retard d'un temps sur le réel. Mais le plus intéressant dans cette partie de colin-maillard, c'est que nous-mêmes, démocraties, nous sommes mis le bandeau sur les yeux. Dans le camp démocratique, aussi cohérent, clairvoyant, réfléchi et maître de lui qu'un poulailler où un enfant vient de jeter un pétard, l'échec de la compréhension ne provient pas de l'absence d'informations. Il n'y avait qu'à se baisser pour en ramasser, et elles étaient faciles à déchiffrer. Le contresens perpétuel et sans cesse renouvelé provient des préjugés idéologiques, ou encore d'un faux calcul de Machiavel de banlieue, ou enfin, quand nous commençâmes à entrevoir la vérité, de la peur d'avoir à en tenir compte dans notre action : par exemple en affrontant certains États patrons ou complices du terrorisme. La contre-attaque eût exigé un courage dont nos gouvernants, conscients de leurs limites et des nôtres, se savaient dépourvus. Quelles furent les étapes de l'erreur occidentale et de sa progressive, toujours tardive et donc vaine dissipation?

Au cours d'un premier temps, vers le milieu de la décennie 1970-1980, les élites culturelles, universitaires, politiques, journalistiques, ont, en gros ou à demi-mot, admis la légitimité du terrorisme, c'est-à-dire partagé les raisons politiques et souscrit aux justifications morales données par les terroristes eux-mêmes. (Je dis les élites parce que l'opinion publique, rarement consultée, a néanmoins en général, chaque fois qu'elle le fut, montré beaucoup plus de bon sens.) A ce stade, donc, les élites approuvaient à la fois l'analyse « révolutionnaire » des terroristes et leurs méthodes.

Au cours d'un deuxième temps, la multiplication des crimes de sang rendant le terrorisme impopulaire, nous avons renoncé à l' « approuver » pour nous contenter de le « comprendre » – et de le comprendre de travers, bien entendu. Dans cette interprétation, le terrorisme s'expliquait par des causes extrêmement réelles, disait-on; malheureusement, ceux qui les avaient discernées s'étaient fourvoyés. Nous partagions donc leurs analyses, mais condamnions leurs remèdes. Modeste progrès. Mais progrès débouchant aussitôt dans une nouvelle impasse. A savoir : les divers terrorismes, palestinien, basque, italien, irlandais, allemand, corse, latino-américain, etc., procédaient tous de sources différentes, locales et spécifiques (ce qui originellement était en partie vrai); ils devaient par conséquent recevoir une médication appropriée – bravo! mais le pharmacien se faisait plutôt attendre – et n'avaient aucune relation les uns avec les autres (ce qui était d'ores et déjà totalement faux vers 1978 et même avant). Conclusion pratique : il fallait surtout éviter de mettre sur pied une coopération internationale de lutte antiterroriste, qui aurait pu vexer les âmes égarées. Il fallait traiter ces dernières exclusivement par la « compréhension » et le « dialogue ». La France, en particulier, refusa pendant des années d'aider ses voisins, dans l'espoir de mériter ainsi l'indulgence des terroristes, qui transformèrent prestement son territoire en sanctuaire universel et en base de repli du crime politique. C'est une tradition française, semble-t-il : nous avons le sens de la collaboration, mais pas avec nos alliés, plutôt avec nos ennemis. Gros malins, nous obtînmes ainsi quelques années de répit – sans prévoir que, le jour inévitable où le retour de bâton se produirait et viendrait nous frapper (puisque, si grande envie que l'on en ait, on ne peut indéfiniment céder à des exigences indéfiniment croissantes), ce contrecoup serait doublement violent et meurtrier, étant donné que nous avions délibérément laissé l'animal grandir en force, en organisation, en moyens, et en intelligence.

En une troisième étape, la conscience occidentale s'est résignée à reconnaître le caractère international du terrorisme. Peu à peu émergent les indices et les témoignages, souvent fournis par les terroristes eux-mêmes dans leurs déclarations et communiqués, d'une collaboration entre les mouvements de diverses origines et de diverses localisations géographiques. Lorsqu'en 1982 la police française arrête à Paris deux terroristes européens, l'un suisse, Bruno Bréguet, l'autre allemande, Magdalena Kopp, elle découvre qu'ils venaient de livrer des explosifs à un membre du Front de libération nationale de la Corse (F.L.N.C.), chez qui trônait un portrait de Baader. De plus, le célèbre terroriste vénézuélien surnommé « Carlos », d'ordinaire lié au terrorisme palestinien, envoie alors un message au ministre de l'Intérieur pour exiger l'élargissement de Bréguet et de Kopp, sous peine de représailles. (Celles-ci auront effectivement lieu, le 31 décembre 1983, sous forme de deux attentats, l'un en gare de Marseille, l'autre dans le T.G.V. Marseille-Paris, qui feront cinq morts et une cinquantaine de blessés). Deux journalistes [1] racontent la stupeur du juge d'instruction Jean-Louis Debré, chargé de l'affaire, quand il découvre ces connexions : « Secours rouge, Action directe, Corses, E.T.A. basque, réseaux palestiniens, une telle addition, si elle était connue, révélerait une vérité éclatante : le mouvement terroriste est un tout; ou, pour le moins, il sait former un tout chaque fois que cela est nécessaire. L'idée, simpliste, sur laquelle on a vécu jusqu'ici – terrorismes nationaux d'un côté (du type bande à Baader, Brigades rouges italiennes, Action directe en France) et, de l'autre côté, une “ nébuleuse ” terroriste du Proche-Orient – cette dichotomie ne tient plus. »

A vrai dire, elle avait cessé de tenir bien avant 1982, pour quiconque ne refusait pas d'ouvrir les yeux. La véritable classification des mouvements terroristes, du reste, devrait s'établir plutôt en distinguant les mouvements d'origine idéologique, qui luttent contre le « capitalisme » et l'« impérialisme » pour la « révolution », et les mouvements d'origine ethnique, qui expriment la protestation de groupes culturels, raciaux, religieux, linguistiques contre une oppression, réelle ou imaginaire, ainsi que les mouvements issus de « nationalités » se jugeant ou étant

1. Charles Villeneuve et Jean-Pierre Péret, *Histoire secrète du terrorisme,* Paris, Plon, 1987.

vraiment privées de leur indépendance et de leur territoire. Dans la première catégorie, on trouve les terrorismes de type Brigades rouges, Action directe, Fraction de l'Armée rouge (allemande), Tupamaros et Montoneros latino-américains; dans la seconde, les Basques, les Corses, les Irlandais, les Palestiniens. Mais au fil des ans, cette distinction s'efface. Les mouvements « nationaux » deviennent idéologiques. Leurs chefs travaillent pour un futur régime « socialiste » au sens léniniste, castriste ou sandiniste du terme. Ils ne demandent pas sur ce point son avis à la population, dont, à l'instar de leurs illustres devanciers, ils ne projettent nullement de solliciter l'approbation, le jour venu, dans des élections libres, ouvertes à tous les partis, à toutes les opinions. Tel est aussi le cas du socialisme « islamique » : les exemples algérien et libyen le montrent assez. La « révolution », de toute manière, sera « anti-impérialiste », c'est-à-dire, en clair, dirigée contre la communauté des pays démocratiques. En s'incorporant à l'archipel du terrorisme international, pour recevoir et rendre les services en argent, armes, sanctuaires, renforts, renseignements que cette incorporation permet, les terrorismes nationalistes ont donc adopté l'idéologie, le langage et les objectifs du marxisme-léninisme « révolutionnaire » et tiers-mondiste. Peut-être même cette adoption était-elle la condition à remplir pour obtenir cette incorporation. De la sorte, la revendication nationaliste se subordonne à l'impératif de la « révolution mondiale ». Quand l'E.T.A. militaire fait sauter des installations de l'O.T.A.N. hors des provinces basques, en quoi cette activité sert-elle la cause basque, et au nom de quel mandat? Il est des Basques favorables à l'O.T.A.N.; ils ont signifié leur opinion dans le référendum espagnol concernant ce sujet, en 1986. Pourraient-ils l'exprimer aussi librement et sans risque dans une future « Euskadi socialiste »? J'en doute fort.

Cette unification idéologique et politique n'autorise toutefois pas à conclure que chaque terrorisme a perdu son originalité propre. Les origines historiques, le contexte géographique et politique, les objectifs catégoriels de chacun d'entre eux leur impriment leurs traits distinctifs. Passer une soirée avec un terroriste palestinien, avec un Irlandais de l'I.R.A., avec un « jésuite-mitraillette » (« *frate mitra* ») au Pays basque, avec un guérillero du M19 colombien ou avec un illuminé du *Sendero* péruvien réserve autant d'expériences humaines prodigieusement éloignées les unes des autres, dévoile des univers culturels séparés par des espaces infinis. Le Palestinien vous méprise parce que vous n'êtes pas musulman, l'Irlandais vous oblige à boire avec lui en vous exposant que la littérature anglaise ne compte aucun grand écrivain, le *frate mitra* prétend connaître toutes les plus jolies filles de Bilbao, le Colombien cherche à vous vendre de la cocaïne, l'apôtre du *Sendero luminoso* vous assomme en récitant par cœur les œuvres philosophiques d'Enver Hodja, le défunt leader albanais, phare de la pensée humaine, perte irréparable pour la révolution mondiale. Qui peut nier ces différences? Précisons-le avec insistance, car, dès le moment où l'on reconnut le caractère international du terrorisme, une objection s'éleva : vous simplifiez, vous « globalisez », vous « fantasmez » en imaginant un « chef d'orchestre clandestin » alors que nous avons affaire à une myriade de groupuscules animés de mobiles très éloignés les uns des autres. Nous rencontrons là une des barrières mentales auxquelles on se heurte le plus fréquemment. Elle est constituée par l'incapacité de combiner plusieurs systèmes explicatifs complémentaires, ou, plus exactement, de constater dans la réalité le fonctionnement simultané de plusieurs séries de causes hétérogènes concourant ensemble par leur association à un même résultat final ou global. Ou bien vous voyez les groupes terroristes comme hermétiquement isolés les uns des autres, ou bien vous voyez une armée de l'ombre, hiérarchisée et commandée à partir d'un état-major unique. Ne rien concevoir d'autre que ce choix binaire est puéril. Mais c'est aussi une façon indirecte de se rassurer quant au degré d'organisation internationale du terrorisme, laquelle, flexible, certes, et informelle, n'en est pas moins plus efficace et précise que nous ne souhaiterions le penser. Les caches d'armes et d'explosifs que l'on a commencé à découvrir en France depuis le milieu de 1986, sous terre ou en maison, et qui ne sont, d'après la police, qu'une part infime de celles qui existeraient, ne peuvent être que le fruit d'un travail minutieux, étalé sur plusieurs années, supposant de nombreux concours, une structure solide, des plans bien faits, des contacts sûrs et disponibles, un strict cloisonnement des agents, une bureaucratie clandestine compétente et méticuleuse. Elle implique une certaine centralisation, ou pour le moins une coordination, mais elle n'implique pas que les mouvements terroristes soient identiques et sortent tous de la même *source,* quand bien même (et pour nous c'est ce qui importe) ils tendent à devenir les affluents d'un même fleuve.

Le raisonnement binaire et antithétique, fondé sur la disjonction « tout s'explique uniquement par ceci ou uniquement par cela », paralysa encore davantage l'opinion occidentale lorsque nous fûmes entrés dans la quatrième étape de sa prise de conscience : lorsqu'elle s'aperçut que derrière le kaléidoscope du terrorisme international œuvraient un certain nombre d'*États*. Et la paralysie mentale atteignit à la catalepsie intellectuelle intégrale avec la cinquième et dernière étape, lorsque, tremblants de peur, nous dûmes, sous le poids des indices, violer le tabernacle ultime vers lequel nous n'avions pas osé jusqu'alors lever nos regards sacrilèges : derrière les divers États instigateurs du terrorisme international et désormais bien repérés, sinon clairement désignés, se profilait l'Union soviétique.

Mais qu'il s'agît du Grand Frère ou de ses cadets, plus foisonnaient les présomptions et les informations, plus bruyante retentissait l'objurgation conjuratoire : « On ne peut pas *tout* expliquer par la Syrie! par Cuba! etc. Il est *ridicule* de voir *partout* la main de l'U.R.S.S.! De *tout* interpréter en termes de conflit entre l'Est et l'Ouest! » On rencontre en effet souvent ce procédé, qui consiste à *réfuter un argument que personne n'a jamais employé.* Ainsi, vous évitez de traiter du vrai problème. Car s'il existe une grande partie du terrorisme international, depuis le début des années 1970, que commanditent ou exécutent directement des États, il subsiste aussi tout un terrorisme dont les racines restent régionales. Surtout, ce qui se développe de plus en plus est une combinaison des deux, ce sont des *joint ventures* à plusieurs partenaires. Quant à l'Union soviétique, elle n'est ni la cause unique, ni même la cause première du terrorisme international. Elle n'en est probablement même pas en toutes circonstances la cause occasionnelle. Affirmer que l'U.R.S.S. peut créer, ou même manipuler tous les mouvements terroristes dans le monde, inspirer et financer chacun de leurs coups est une exagération absurde. Si c'est cette vision simplette que réfutent les éternels dénonciateurs des « obsédés de la main de Moscou », ils ne réfutent pas grand-chose, ni grand monde. Mais comment concevoir, en revanche, que l'Union soviétique puisse ne pas aider, le plus souvent par États-clients interposés, des mouvements si utiles pour désorganiser et démoraliser l'Occident, et qu'elle puisse ne pas leur faire tenir, d'une manière ou d'une autre, des moyens d'agir, ce qui explique leur vigueur et leur longévité? Ce serait de l'incompétence professionnelle de sa part.

Toutes les discussions en Occident sur les meneurs du terrorisme portent la marque de la confusion et de la contradiction. D'un côté, les faits ont fini par imposer la notion que nous avons affaire à un terrorisme international d'État et même à une « forme de guerre ». D'un autre côté, nous ne tirons pas les conclusions pratiques de cette analyse, ni même toutes ses conséquences théoriques pour notre information et notre conception d'ensemble du problème. L'expression de « guerre », l'idée qu'on nous livre une guerre sont devenues courantes dans le langage des gouvernements et des médias, surtout depuis 1986, puisque, cette année-là, les Américains ont décidé de bombarder Tripoli et que les Français ont été frappés par une offensive exceptionnellement meurtrière. L'Institut français des relations internationales (I.F.R.I.), en novembre 1986, dans son rapport annuel, toujours marqué par la prudence, apporte sa caution au diagnostic selon lequel « désormais des États commanditent et manipulent, *parfois ouvertement* [1], des groupes terroristes dont les actions sont autant de chantages à la souveraineté d'autres États ». On peut citer des centaines, des milliers de déclarations semblables, dans la bouche de responsables ou d'analystes politiques occidentaux. Comment méconnaître, il est vrai, que le terrorisme est devenu depuis quelques années une composante essentielle de la géostratégie internationale quand on a vu qu'il a suffi de deux attentats, en 1983, pour faire partir du Liban la totalité des troupes françaises et américaines composant la Force d'interposition? Imaginons le coût et la difficulté d'une telle opération s'il avait fallu déloger la Force d'interposition par des moyens militaires classiques. Cela eût en outre obligé l'État instigateur à se découvrir en envoyant sur le terrain ses propres soldats. Sur cet exemple et sur de nombreux autres, tout le monde ou presque est d'accord. Seulement voilà, dès qu'il faut dépasser les généralités, mettre en cause un État précis et agir éventuellement à son encontre, l'unanimité s'évanouit. En somme, il existerait un terrorisme international d'État sans que jamais aucun État déterminé en soit responsable. Les dissensions risibles des Occidentaux et les dénégations du gouvernement français, en 1986, lorsqu'il fallut mettre en cause la Syrie, pourtant un membre des plus actifs dans le club des États terroristes, illustrent cette inconséquence [2]. Dès que le faisceau

1. C'est moi qui souligne.

2. Sur le rôle de la Syrie, il existe une abondante documentation. Je renvoie notamment à « L'État de barbarie, Syrie

des preuves s'épaissit au point qu'on ne saurait, sans capituler, s'abstenir de prendre à partie un État précis, les gouvernements démocratiques font marche arrière, pas tous en même temps, d'ailleurs, car leurs reculades ne sont pas plus harmonieuses que leurs montées au créneau, ce qui parachève la panique.

C'est ce comportement qui anéantit, depuis tant d'années, l'effet de leurs innombrables et répétitives déclarations de « fermeté », ainsi que leurs sempiternels projets de « ne pas céder au chantage », grâce à une « coopération internationale antiterroriste », serments réitérés à chaque nouvel attentat. Sans doute les services spéciaux antiterroristes en Europe ont-ils amélioré leurs résultats, accumulé une expérience et un savoir-faire qui les a conduits à des arrestations d'une grande portée. Mais la volonté politique des gouvernements vacille toujours autant. Que de fois un gros gibier du terrorisme international a été relâché ou averti par les politiques alors que les services de police l'avaient arrêté ou repéré! Si les gouvernements tiennent compte du fait qu'à travers le voile transparent des groupuscules soi-disant autonomes, ils ont affaire à des États, c'est pour négocier l'élargissement discret d'un terroriste incarcéré contre un otage, aggravant ainsi notre dépendance. En d'autres termes, ils discernent fort bien des États terroristes quand il faut céder, mais ils cessent d'en apercevoir quand il faut résister. Ah! ces otages du Proche-Orient ou d'ailleurs, que les despotes totali-

1979-1982 », remarquable synthèse de Gérard Michaud dans le numéro spécial 94-95 de la revue *Esprit* : « Terrorismes », 1986.

taires ou les chefs de bandes livrent un à un, à intervalles savamment espacés, aux gouvernements de nos nations démocratiques, en s'arrangeant pour que ces parcimonieuses aumônes, jetées à leur infatigable obséquiosité, s'accompagnent chez ceux qui les reçoivent d'un sentiment de *victoire...*

Et comment décrire la recrudescence de cette docilité, de cette peur de savoir quand, par hasard, nos services de renseignements butent sur l'os suprême : des agents soviétiques, ou appartenant aux pays étroitement subordonnés aux Soviétiques? Dans cette direction prohibée, la faute n'est pas même de trouver, elle est de se permettre de chercher. Il arrive, et fréquemment, certes, que des agents de l'Est soient expulsés pour espionnage : jamais pour complicité avec le terrorisme. Le principal allié de l'Est, dans ce domaine, c'est l'état d'esprit de l'Ouest. Il est chez nous en quelque sorte inélégant, primaire et presque morbide d'envisager une utilisation par les Soviétiques des possibilités que leur offre l'exploitation de la galaxie terroriste pour nous affaiblir. A dire vrai, ce seraient les Soviétiques qui seraient fous s'ils n'utilisaient pas ces possibilités.

Certains hommes récemment assassinés par des terroristes d'Europe ou du Proche-Orient étaient des personnalités à la fois peu connues, voire inconnues du public, qui remplissaient des fonctions importantes dans l'organisation de la défense occidentale ou du contre-espionnage. C'est le cas de Yacov Barsimentov, membre de l'ambassade d'Israël à Paris, de Charles Ray, attaché militaire de l'ambassade des États-Unis, tous deux abattus en 1982. C'est le cas de Ernst Zimmerman, industriel de l'armement, assassiné en Allemagne le 7 janvier 1987, et de l'ingénieur général René Audran, directeur au ministère français de la Défense, assassiné quelques jours après, le 25, à Saint-Cloud. Le 20 mars 1987, venaient le tour, à Rome, du général Licio Giorgieri, le spécialiste italien de l'Initiative de défense stratégique (dite à tort « guerre des étoiles »), puis, le 10 octobre, de Gerald von Braumühl, directeur politique du ministère des Affaires étrangères à Bonn. Les assassins étaient trop remarquablement renseignés sur le rôle exact de ces personnalités, je le répète, discrètes, pour n'avoir pas été orientés vers elles par des informations que *seuls* les services de l'Est pouvaient posséder avec une telle précision. C'est du moins la conviction des services américains, français et israéliens. Ce n'est pas celle des politiques, en tout cas pas celle qui se reflète dans leur action. Le grand principe qui inspire la lutte de l'Occident contre le terrorisme, comme il inspire l'ensemble de sa diplomatie et de ses négociations sur le désarmement, c'est : il vaut mieux ne pas prendre assez de précautions que trop.

La clé des erreurs d'interprétation commises sur le terrorisme est la croyance persistante, malgré la masse des informations allant en sens contraire, qu'il resterait, dans son essence, en dépit des exceptions, l'arme des faibles contre les forts, l'*ultima ratio* des opprimés contre les dictatures. Or, s'il a pu et peut encore parfois correspondre à cette définition, le terrorisme est devenu de nos jours, dans sa presque totalité, une arme tournée contre les démocraties. Peu importe qu'il nourrisse ou non l'intention claire de les détruire : les résultats sont là, et la réalité statistique parle d'elle-même. L'extension du terrorisme selon les pays est en raison inverse de leur caractère répressif.

Selon un rapport publié en mars 1987 par l'assemblée de l'Atlantique Nord (qui réunit les parlementaires des seize pays membres de l'O.T.A.N.), entre 36 et 53 %, selon les années, des attentats commis depuis 1982 l'ont été en Europe occidentale. D'autre part, de 30 à 35 % des autres visent les États-Unis, même s'ils ne se perpètrent pas sur le *territoire* américain, ce qui est différent. Si l'on ajoute que parmi les autres pays durement secoués figurent l'Inde, la Colombie, le Pérou, on voit que l'*immense majorité des attentats ont pour théâtre des nations démocratiques.* Dans les rares cas où il en va autrement, il n'est pas sûr, du reste, que le terrorisme soit la meilleure méthode pour faire avancer le processus de démocratisation. C'est ainsi que l'attentat dirigé contre le général Pinochet, en septembre 1986, a eu pour effet de casser brutalement les négociations entre le pouvoir et les divers partis d'opposition désireux d'assurer une « transition » pacifique, à l'espagnole, vers la démocratie. Qui avait intérêt à radicaliser à nouveau la situation? Si un journal américain avait raison de titrer : « Pinochet aide à promouvoir le communisme », on peut tenir pour aussi vrai que « le communisme aide à promouvoir Pinochet ». Quant au Pakistan, autre pays autoritaire, où des explosions dans des lieux publics ont tué des centaines de civils en 1987, on a toutes raisons de penser qu'il s'agit là de terrorisme d'État sous une forme pure, c'est-à-dire d'une campagne de terreur meurtrière indirectement organisée par le gouvernement de Kaboul pour dissuader les autorités pakistanaises d'accueillir les réfugiés afghans, parmi lesquels des résistants. Aucun terrorisme ne peut opérer dans les pays complètement totalitaires, où il est hors de question que des étrangers puissent entrer et se déplacer à leur aise, introduire des armes et des explosifs, louer des appartements, acheter de faux papiers, jouer de la bombe et du pistolet, pour repartir ensuite, éventuellement avec les compliments du ministère des Affaires étrangères.

Le même rapport de l'assemblée de l'Atlantique Nord [1] indique que, depuis 1980, le nombre des attentats meurtriers s'est accru de 20 % par an. Or, depuis cette même année, s'est accru également le nombre des pays démocratiques dans le monde, et plus particulièrement dans le tiers monde. Le « Sentier lumineux » péruvien a choisi pour passer à l'attaque en 1980 le jour même de la première élection démocratique dans le pays depuis près de deux décennies. Début 1987, après une alternance réussie (en 1985), qui avait porté à la présidence un social-démocrate en remplacement d'un libéral, la déstabilisation terroriste était si forte qu'on peut craindre d'ores et déjà pour la survie de la démocratie au Pérou [2]. En Europe, le Pays basque espagnol offre un exemple saisissant de progression du terrorisme *en raison directe* de la progression de la démocratie. Contrairement à la logique, ce n'est pas sous Franco que l'E.T.A. militaire fut le plus active. Entre 1966 et 1973, le nombre de ses actions meurtrières se situe entre zéro et trois par an. En 1974 et 1975, années où expirent le franquisme et

1. Résumé en date du 26 mars 1987 dans *Le Monde*, qui le définit comme « à ce jour le document statistique le plus complet sur ce sujet ».

2. On estime qu'en sept ans, le « Sentier lumineux » a tué environ 10 000 personnes, sur une population de 19 millions d'habitants.

Franco, on passe à une moyenne annuelle de quinze attentats mortels, qui se maintient pendant les deux années de la « transition » : 1976 et 1977. Puis, en 1978, on assiste à une soudaine ascension de la courbe, qui atteint son point culminant durant l'année 1980, avec plus de quatre-vingt-dix morts. Que s'était-il passé? Des élections, tout simplement. Et, à la suite de ces élections, l'E.T.A., représentée par son parti officieux, Herri Batasuna, s'est aperçue qu'elle était irrémédiablement minoritaire. Législatives de 1977, législatives de 1979, municipales de 1979, enfin et surtout, élections de 1980 pour l'Assemblée et le gouvernement autonomes du Pays basque, toutes ces consultations démontrent à l'E.T.A. que la voie démocratique ne lui permettra jamais d'accéder à la seule position qui puisse la satisfaire : celle des sandinistes au Nicaragua, le pouvoir socialiste absolu. Elle s'installe alors dans une lutte sans issue – avec une moyenne de cinquante attentats meurtriers par an.

En Irlande du Nord, le parti Sinn Fein (ce qui en irlandais veut dire « Nous seuls »), représentant l'idéologie de l'I.R.A., n'a jamais recueilli plus du tiers des voix des électeurs catholiques. Les deux tiers de ces électeurs votent pour les partis britanniques classiques. Et rappelons-nous que les catholiques d'Irlande du Nord ne dépassent pas 28 % de la population totale. Par conséquent, la proportion de l'ensemble des citoyens de cette partie du Royaume-Uni qui se reconnaît dans l'I.R.A. et le Sinn Fein est inférieure à 10 %. Comme ce score reste inchangé depuis 1921 (date où l'Eire indépendante et l'Ulster britannique se sont séparés), on comprend que la violence paraisse à leurs partisans une voie plus expéditive que la démocratie.

« Affirmer que le terrorisme du Proche-Orient est dirigé en premier lieu contre la démocratie occidentale ne résiste pas à l'examen », objecte un commentateur [1], qui ajoute : « Les factions libanaises ont commis plus d'actes violents les unes contre les autres que contre les Français ou les Américains. » Très juste, mais on peut d'abord observer qu'elles ont précisément commencé par faire disparaître ainsi la seule démocratie, la seule société ouverte et pluraliste de tout le monde arabe. Quant à leur nocivité antidémocratique en Europe, peu nous chaut que tel n'ait pas été leur objectif premier, du moment que c'est leur résultat final. Tout le terrorisme proche-oriental ne provient d'ailleurs pas des factions libanaises. Le terrorisme palestinien a commencé bien avant la décomposition du Liban. Les États terroristes – Libye, Iran, Irak, Syrie – mènent une guerre dont la cible est le monde occidental en général, défini comme « impérialiste », à cause d'Israël sans doute, mais pas seulement. La phraséologie islamique rejoint ici la phraséologie tiers-mondiste et marxiste. Sans doute le terrorisme découle-t-il en partie de l'appui que l'Occident apporte à Israël. Mais ce n'est pas la seule explication, car autrement on ne comprendrait pas pourquoi Kadhafi a aidé l'E.T.A. basque pendant toute une période durant laquelle l'Espagne n'avait pas reconnu Israël; ni pourquoi, en 1986, des terroristes arabes ont massacré des juifs dans une synagogue d'Istanbul, alors que, bien entendu, la Turquie n'est pas pro-israélien-

1. Shaul Bakhash dans son compte rendu (*New York Review of Books*, 14 août 1986) de *Terrorism, How the West can Win*, ouvrage collectif sous la direction de Benjamin Netanyahu, New York, 1986.

ne; ni pourquoi enfin le terrorisme n'a pas davantage épargné la France, alors que, depuis 1967 et la guerre des Six Jours, la politique française a été très réservée vis-à-vis d'Israël et plutôt favorable aux Arabes. La France, par exemple, n'a pas approuvé le voyage de Sadate à Jérusalem en 1977, ni les accords israélo-égyptiens de Camp David qui s'ensuivirent. Le rapprochement franco-israélien opéré par le président Mitterrand et son voyage officiel en Israël ne l'ont pas empêché de rappeler les droits des Palestiniens, non plus que de rencontrer aussi Kadhafi et Assad. En outre, quel rapport peut avoir avec Israël le terrorisme arménien, et pourquoi la vengeance rétrospective des Arméniens contre les Turcs devrait-elle faire des victimes de toutes nationalités dans un aéroport parisien? Et pourquoi le terrorisme arabe a-t-il maintes fois frappé à Rome, alors que les gouvernements italiens successifs se sont ordinairement singularisés en Occident par leurs positions agressivement proarabes et propalestiniennes? Il existe une raison technique de préférer pratiquer le terrorisme dans les démocraties : c'est la facilité. Et une raison politique : c'est qu'elles sont, plus que les autres régimes, vulnérables au chantage. En les faisant chanter, on parvient à les enrôler au service de causes avec lesquelles elles n'avaient initialement rien à voir. Au surplus, il ne faut pas sous-estimer une haine diffuse pour le monde démocratique et développé, justement parce qu'il est démocratique et développé, ni sous-estimer non plus la dextérité avec laquelle l'Union soviétique et ses filiales savent attiser cette haine et la détourner vers le service de ses objectifs géostratégiques [1].

---

1. La facilité du terrorisme en démocratie atteint parfois des sommets. C'est ainsi que le 9 juin 1987, à Rome, deux attentats

En Occident, l'interprétation « progressiste » du terrorisme, malgré tant de démentis sanglants et d'amères déconvenues, n'en continue pas moins d'avoir cours, au moins en filigrane, à l'état de premier réflexe – sauf, bien entendu, lorsque guérilleros et terroristes combattent un authentique régime totalitaire ou un occupant étranger, à condition que celui-ci soit cubain, vietnamien, chinois ou soviétique. L'idée persiste qu'il existerait deux terrorismes : un terrorisme rouge, fondamentalement légitime et bon dans ses intentions, coupable seulement d'excès dans ses manifestations, et un terrorisme noir, intrinsèquement mauvais parce que visant à renverser la démocratie. Comme si le terrorisme rouge ne s'en prenait pas aussi, dans neuf cas sur dix aujourd'hui, à des démocraties! Comme si les Tupamaros uruguayens n'avaient pas jeté par terre une démocratie, doublée d'un État-providence parmi les plus anciens et les plus avancés du monde! Le sophisme des « deux » terrorismes est aussi

---

sont commis simultanément, l'un, à la voiture piégée, devant l'ambassade de Grande-Bretagne, l'autre, devant l'ambassade des États-Unis, par tir au fusil mitrailleur, depuis la fenêtre de la chambre 418 de l'hôtel *Ambasciatori*, fenêtre qui *plonge directement sur la façade de la chancellerie américaine.* Le locataire du 418 a été décrit par les réceptionnistes comme un « homme au teint basané » pourvu d'un passeport *canadien.* Inutile de dire que le tireur s'en alla tranquillement sans être rattrapé, après la fusillade. Voilà le degré de professionnalisme de la police, dans une capitale en proie depuis vingt ans à un intense et continu terrorisme national et international! Imagine-t-on un Suédois porteur d'un passeport sénégalais pouvant louer librement une chambre dans un hôtel face à l'ambassade d'U.R.S.S. à Sofia, y monter un fusil mitrailleur, tirer sur l'ambassade et repartir sans encombre?

vicieux que la distinction entre « totalitarisme de gauche » et « totalitarisme de droite ». Le totalitarisme étant par définition le régime qui supprime tous les partis politiques et toutes les tendances idéologiques pour les fondre de force en un tout homogène, il ne saurait être ni de gauche ni de droite. La possibilité de choisir entre deux ou plusieurs orientations est un privilège exclusif de la démocratie. Pour un socialiste, il est vrai, un libéral de droite, respectueux du suffrage universel, est facilement un fasciste, alors qu'un dictateur de gauche, gouvernant à l'aide d'un parti unique, est malgré tout un démocrate. C'est ainsi que les *contras* nicaraguayens ou l'U.N.I.T.A. angolaise, qui résistent à des pouvoirs totalitaires, sont, pour la gauche de l'Ancien comme du Nouveau Monde, des réactionnaires. En revanche, si la gauche française, en 1981, à peine arrivée au pouvoir, a libéré, dans des conditions d'une irrégularité stupéfiante, des terroristes d'Action directe, lesquels allaient, immédiatement après, commettre à nouveau des crimes de sang, c'est que les socialistes ne se résolvaient pas à considérer Action directe, qui opérait pourtant contre une démocratie, comme tout à fait mauvaise, puisque cette bande obéissait à un idéal « révolutionnaire ». Le galimatias de leurs écrits en fait foi. De même, la gauche de toute l'Europe a vilipendé le « tyran » Thatcher lorsque le Premier Ministre britannique refusa d'accorder le statut de prisonnier politique à un terroriste de l'I.R.A., Bobby Sands, et le laissa mourir de la grève de la faim qu'il faisait pour obtenir satisfaction. Le futur président de la République française, François Mitterrand, exprima publiquement alors son soutien à Bobby Sands. Son parti stigmatisa l'« assassinat » commis par Mme Thatcher, comme si elle avait envoyé un tueur à gages occire un inoffensif citoyen, simplement coupable de n'être pas d'accord avec elle. Lorsqu'on voit les plus influents partis politiques, et les hommes d'État qui ont mission de défendre nos institutions, commettre de tels contresens sur ce qu'est la démocratie et sur ce qu'est réellement un prisonnier politique, on s'explique qu'ils aient été si peu efficaces dans leur lutte contre un phénomène qu'ils analysent si mal. Un prisonnier politique est quelqu'un que l'on a incarcéré en raison de ses *opinions*. Si Mme Thatcher avait accordé le statut de prisonnier politique à Bobby Sands, elle aurait implicitement reconnu la constitutionnalité de l'assassinat comme manière de faire prévaloir ses opinions en démocratie. Le chantage au suicide n'autorise pas un dirigeant politique à sauter ce pas en faveur d'un criminel. Accorderait-on la médaille de la Résistance à un Klaus Barbie qui se lancerait dans une grève de la faim?

J'entends d'ici les hurlements que va provoquer ce rapprochement polémique ou, plutôt, pédagogique. Mais il faut bien mettre en relief un point capital : si l'on jauge la légitimité ou l'illégitimité de la violence à l'aune des préférences que l'on éprouve ou non pour les motivations subjectives de ceux qui la pratiquent, on ne parviendra jamais à définir les principes et les méthodes d'une lutte antiterroriste. La distinction entre violence légitime et violence illégitime ne tient pas aux opinions personnelles du terroriste, elle tient à la nature du régime auquel il s'attaque et de la société dans laquelle il opère. S'il est patent que *tout* moyen autre que la violence est refusé à un homme qui veut conserver ses droits fondamentaux, sa liberté, sa vie, sa dignité, alors le recours à la violence devient moralement justifié, et ne pose plus qu'un problème de réalisme politique. Si au contraire cet homme vit dans un régime de liberté et s'il est manifeste que son seul malheur est de défendre une option minoritaire, alors, quelque généreuse à ses propres yeux que soit cette option, en utilisant la violence il n'est qu'un criminel de droit commun.

Cette conviction est loin de régner dans tous les esprits. Après l'attentat à la voiture piégée dont avait failli être victime l'ancien ministre de la Justice de Giscard d'Estaing (et ancien ministre de nombreuses autres choses sous de Gaulle) Alain Peyrefitte, attentat où avait péri son chauffeur, en décembre 1986, le quotidien *Libération* [1] écrivait : « Cet assassinat résume toute la cruauté et toute l'absurdité du terrorisme, à supposer qu'il s'agisse réellement de terrorisme... L'idée d'attribuer à Action directe la responsabilité de cet attentat est venue à beaucoup. Mais rien ne prouve, à cette heure, que ce groupe aux motivations relatives et aux actes aléatoires (*sic*) soit lié au crime de Provins. Dans son rôle, on peut imaginer n'importe quels allumés, de l'extrême gauche à la droite extrême. Et jusqu'à l'extrême néant. » Ce commentaire est fort significatif. Comme *Libération* n'aime pas Alain Peyrefitte, auteur d'une loi « Sécurité et liberté » tenue pour monstrueusement répressive et presque « fasciste » (quoique, sous couleur de

1. Mardi 16 décembre 1986.

l'« abroger », les socialistes l'aient presque intégralement reprise à leur compte!), l'ancien ministre n'est pas jugé digne d'avoir été visé par un attentat. Alors, s'il ne s'agit pas de terrorisme, de quoi s'agit-il donc? Peyrefitte appartient-il à la mafia? En fait, ce qui a visé l'ancien ministre et a tué son chauffeur, c'est probablement l'extrême droite (bizarre, si la cible est fasciste) ou... « l'extrême néant ». Autrement dit, l'explosion n'avait pas de cause. L'éditorialiste de *Libération* pousse d'ailleurs le scrupule jusqu'à s'interroger pour savoir si Alain Peyrefitte « méritait la mort ». Perplexe, il décide, en définitive, avec magnanimité, que non. Mais enfin, la question se posait.

On sent que, pour l'éditorialiste de *Libération*, Peyrefitte n'est pas un démocrate parce qu'il a fait voter des textes que ce journal désapprouve. Peu importe qu'il ait pu les faire voter en vertu d'un mandat populaire, parce qu'il avait été élu, parce qu'il faisait partie d'une majorité parlementaire, constitutionnelle, elle-même élue au suffrage universel, parce qu'en outre un Premier ministre, soutenu par cette majorité, et un chef de l'État également élu au suffrage universel direct lui avaient confié un portefeuille ministériel l'habilitant à déposer ce projet de loi. Rien de tout cela ne compte. Ce qui compte est que sa loi déplaît à la gauche [1]. Autrement dit, de ce point de vue, que l'on pourrait nommer celui de la « démocratie solipsiste », ce qui con-

1. « Cet homme n'était pas digne d'être garde des Sceaux », s'écria, parlant d'Alain Peyrefitte, le Premier ministre socialiste Pierre Mauroy, venu soutenir à Provins le candidat socialiste qui se présentait contre l'ancien ministre de la Justice, en juin 1981.

fère à une loi son caractère démocratique ou antidémocratique, c'est qu'elle me plaise ou non, ce n'est pas la manière dont elle a été adoptée. Ce petit exemple montre à quel point la culture démocratique est encore fort loin d'avoir été assimilée par tous nos contemporains. La démocratie n'est pas un régime dans lequel tout est parfait, c'est un régime dont les citoyens s'engagent à ne rechercher d'améliorations que par la voie pacifique, en respectant des normes stipulées dans ce que l'on appelle une Constitution.

Au journal télévisé de treize heures à TF1, le lundi 15 décembre 1986, se dégageait un principe encore plus intéressant, à savoir : il n'y a pas crime terroriste lorsque la victime est antipathique au commentateur. Voici la transcription fidèle de cette édifiante homélie politico-juridique : « Le choix de la cible Alain Peyrefitte peut effectivement faire penser à Action directe. Cela, d'autant que l'ancien ministre de la Justice avait signé la semaine dernière dans *Le Figaro* un article très violent contre les manifestations et contre les étudiants au moment des manifestations. Mais l'explosif sous une voiture pour tuer ne ressemble pas aux méthodes d'Action directe. Exemple, l'assassinat du général Audran ou encore l'assassinat de Georges Besse, il y a quelques semaines. Seul cas de voiture piégée revendiqué par Action directe : c'est en 1984, contre l'Union européenne occidentale, un attentat d'ailleurs déjoué grâce à un coup de téléphone anonyme.

« En revanche, ce qui est bien dans le style d'Action directe, c'est la réponse vengeresse aux répressions ou aux violences policières.

« Puis, Alain Peyrefitte semble une cible toute

désignée : ancien ministre de la Justice, il est, il ne faut pas l'oublier, le père de la loi Sécurité et Liberté. C'est donc apparemment un symbole pour Action directe.

« Cela dit, je crois qu'il ne faut pas aller trop vite. D'abord, il n'y a encore aucune revendication. Les policiers sont d'ailleurs très, très prudents. Puis, il peut s'agir d'une vengeance personnelle, l'ancien ministre de la Justice nous rappelait tout à l'heure qu'il avait reçu des menaces il y a quelques années. »

Il est donc temps d'inclure dans la Constitution française un amendement rendant légal l'assassinat de quiconque a écrit des « articles violents » contre des manifestations, étudiantes ou autres. Ce commentaire de TF1 véhicule en outre un autre bobard classique : le terrorisme rouge, dans son infinie délicatesse morale, choisirait méticuleusement ses cibles, de manière à ne pas faire de victimes « innocentes ». Non content de supposer non innocentes les victimes effectivement abattues dans les cas où la cible est bien circonscrite, tel le président de Renault, Georges Besse, en novembre 1986, nommément cité avec Audran comme gibier autorisé, le vieux poncif selon lequel seul le terrorisme noir se livrerait à des massacres de masse ne repose que sur l'incompétence professionnelle des journalistes qui le propagent. Témoin la bombe dans le drugstore de Saint-Germain-des-Prés en 1974, les attentats de la rue Copernic en 1980, de la rue Marbeuf et de la rue des Rosiers en 1982, de l'aéroport d'Orly le 15 juillet 1983, le détournement d'un appareil égyptien sur Malte (soixante morts), les bombes de l'I.R.A. chez *Harrod's* à Londres, une veille de Noël, au milieu d'une foule d'enfants et de femmes. Comme les bombes dans la foule des grands magasins du *Printemps* et des *Galeries Lafayette* à Paris en décembre 1985, du magasin *Tati* rue de Rennes le 17 septembre 1986 à Paris, de Barcelone le 19 juin 1987, où l'E.T.A. tue dix-huit personnes et en blesse grièvement une trentaine. Tous ces crimes et bien d'autres encore ont pour auteurs des « rouges ». Ils sont calqués sur le modèle dit de la « guérilla urbaine », concept que la gauche terroriste s'enorgueillit d'avoir inventé, stratégie dont le théoricien fut le Brésilien Carlos Marighela, et qui constitue une honteuse usurpation, le cache-sexe de la couardise. Un guérillero, un maquisard, un franc-tireur se battent contre plus fort qu'eux avec des moyens de fortune et savent que le peloton d'exécution les attend s'ils sont pris. Un guérillero ne sort pas d'un palace pour aller poser une bombe dans les toilettes d'un restaurant ou la consigne d'une gare afin d'assassiner des gens sans défense et sans responsabilité à l'égard de ses griefs, avant de retourner s'abriter au-delà d'une frontière voisine ou derrière les murs d'une ambassade complice. Il y a des mots qu'il ne faut pas déshonorer. Bientôt on va nous soutenir qu'il est héroïque de verser de l'arsenic dans la tisane d'une vieille tante à héritage. Le terrorisme aveugle, et sans danger pour le tueur, n'est ni de droite ni de gauche, pas plus que la « stratégie de la tension », destinée à déstabiliser une démocratie pour déclencher une réaction autoritariste. Cette stratégie de la tension fut celle des Montoneros et des Brigades rouges comme des « noirs ». Il n'y a pas beaucoup de manières de détruire une démocratie, soit qu'on la tienne pour un simple déguisement du fascisme, soit qu'on veuille y substituer le fascisme. Dans les deux cas, l'épilogue est le même, et les méthodes aussi.

« " D'abord ne pas céder ", principe du gouvernement dans sa lutte antiterroriste » (*Le Monde*, 13 septembre 1986). « *Verso l'Europa dell'antiterrorismo* » (*Il Giornale*, 27 mars 1987). « Madrid ne reculera pas devant le terrorisme » (*Le Monde*, 21-22 juin 1987). « Tokyo : le sommet des Sept unanime contre Kadhafi » (*Le Figaro*, 6 mai 1986). « La France à l'orée de l'Europe antiterroriste » (*Libération*, 1er juillet 1987). « *Toda Europa contra el terrorismo* » (*Cambio 16*, Madrid, 30 mars 1987). « *Europeans get tougher* » (*Herald Tribune*, 15 avril 1987), etc.

La litanie des vagissements de l'impotence accompagne la spirale de nos défaites. Car, n'en doutons pas, le terrorisme, pour l'instant, a gagné. Il n'a pas atteint, certes, tous les grands buts politiques qu'il visait, sauf sans doute la fin de la présence occidentale au Liban. Il n'a fait qu'aggraver la tragédie palestinienne. Il n'a pas réussi à détruire les démocraties européennes. Et les démocraties latino-américaines qu'il avait détruites ont été rétablies.

Dans ce sens, il n'a pas gagné. La démocratie survit et même se développe. En outre, les gouvernements démocratiques, c'est exact, ont quand même appris à débusquer les terroristes sur leur territoire un peu mieux qu'auparavant. S'ils l'ont appris, d'ailleurs, c'est moins pour avoir surmonté des difficultés pratiques, dont la nature était connue depuis longtemps, que pour avoir surmonté des inhibitions psychologiques. Le gouvernement français, par un ajustement de ses analyses, depuis le changement de majorité de mars 1986, et surtout en 1987, a réussi à trouver et à mettre hors d'état de nuire plusieurs groupes puissants de terroristes locaux et étrangers. Il est certain que les ministres de l'Intérieur qui n'éprouvent pas de sympathie idéologique secrète pour le terrorisme agissent avec plus de résolution et d'intelligence que les autres et qu'ils obtiennent de meilleurs résultats. La mutation intellectuelle est souvent le facteur décisif qui redonne de l'efficacité à la défense de la démocratie. C'est ce qui s'est produit.

Du moins, c'est ce qui s'est produit à moitié. Résolus dans l'action policière contre les exécutants, les gouvernements démocratiques ont tourné court quand il a fallu s'en prendre activement aux États. Le jour où les Européens se sont désolidarisés des États-Unis qui venaient de bombarder Tripoli, en avril 1986, le combat antiterroriste est retombé, stratégiquement parlant, au niveau du bricolage. Ou plutôt, c'est une tactique sans stratégie. Frappés de paralysie à la perspective du long terme et de toute politique antiterroriste cohérente, les gouvernements européens se sont empressés de claironner que ce genre d'opération ne servait à rien, sans même attendre le jugement des faits. Or ce jugement est clair. Un an après le raid aérien sur la Libye, le *New York Times*, dont la partialité en faveur de Reagan n'a jamais indigné personne, écrivait : « Les raids américains contre la Libye, qui ont soulevé des protestations généralisées il y a un an, ont, au bout du compte, incité les pays de l'Europe de l'Ouest, ainsi qu'on le reconnaît largement aujourd'hui, à intensifier et à coordonner leurs opérations de police contre le terrorisme. En outre, selon les responsables des services de sécurité de plusieurs nations, le colonel Kadhafi, au cours de l'année qui s'est écoulée depuis les bombardements de Tripoli et de Benghazi, s'est nettement abstenu de continuer à parrainer des opérations terroristes en Europe de l'Ouest [1]. » Malgré ce solde positif, les gouvernements européens ont persisté à proclamer l'inutilité d'agir directement contre les États terroristes. Ils ont eu peur – sauf la Grande-Bretagne – de dénoncer les responsabilités syriennes et iraniennes, pourtant aveuglantes, en prétendant qu'ils n'avaient pas de « preuves formelles ». Or ils en avaient. Mais quand ils en ont, ils préfèrent estimer que les preuves formelles ne prouvent rien. Aussi, comme je le disais déjà plus haut, nous sommes à nouveau en retard d'une étape. Et, s'il est vrai que nous arrêtons de plus en plus de terroristes, nous arrêtons de moins en moins le terrorisme.

C'est là qu'est sa victoire, il s'est imposé à la planète entière. Sauf dans les pays strictement totalitaires, sa présence a peu à peu modifié la vie quotidienne de l'humanité, elle infléchit en permanence le jeu politique. Il s'est tellement banalisé que nous n'y prêtons même plus attention et que nous nous soumettons avec une docilité moutonnière aux interminables contrôles de sécurité dans les aéroports. Nous sommes ses esclaves, de Montréal à New Delhi, de Tokyo à Lima, de Madrid à Bogota, de Londres à Manille. Nous ne pouvons tourner un bouton de radio sans entendre annoncer une explo-

---

1. Article repris dans l'*International Herald Tribune* du 15 avril 1987.

sion, un assassinat, un détournement, une prise d'otages [1]. Les ambassades de nombreux pays ne sont plus que des entrepôts d'armes, des abris pour exécutants aux ordres de leurs chefs.

La pensée démocratique est si contradictoire, en matière de terrorisme, que, par exemple, les États-Unis, sans cesse en train de stigmatiser les manquements des autres à la solidarité, tolèrent depuis des années que des Américains d'origine irlandaise envoient des armes et de l'argent à l'I.R.A. *via* une organisation nommée N.O.R.A.I.D., compliquant ainsi la tâche du gouvernement britannique. Pour les Irlando-Américains, les terroristes de l'I.R.A. sont des résistants! Argument verbal, que l'on a entendu aussi en France. Faut-il le redire? Que les nazis aient baptisé à tort « terroristes » des résistants ne confère pas le droit de baptiser à tort « résistants » tous les terroristes. Pour qu'il y ait « résistance », il faut que se trouvent réunies des conditions que l'on ne rencontre nullement dans nos démocraties.

Dans les démocraties, aujourd'hui, en vérité, le front de la terreur est aussi long que le monde connu, ainsi que l'était, au début de notre ère, le fameux *limes* romain contre les barbares, cette clôture humaine qui serpentait à travers toute l'Eu-

1. Ou une information quelconque liée au terrorisme. « Que voilà une hyperbole! » penseront certains. Au hasard, voici les trois principaux titres de la première page du *Monde*, le jour même où je termine cette préface : « À Karachi, des attentats ont fait près de quatre-vingts morts »; « Le mouvement nationaliste basque Iparretarrak est dissous »; « L'escalade iranienne contre la France » (16 juillet 1987).

rope. La réunion des ministres occidentaux de l'Intérieur, à Paris, le 28 mai 1987, a, selon eux-mêmes, consacré l'antiterrorisme comme « bannière du monde libre »; mais c'est plutôt *barrière* qu'il aurait fallu dire. Et, à l'instar du *limes* romain, cette barrière craque si souvent, en de si nombreux endroits, elle est si frêle, qu'on peut craindre qu'elle ne soit, comme il le fut, tout entière emportée à son tour, et pour la même raison : non point parce que nos ennemis nous sont supérieurs, mais parce qu'ils ont compris nos faiblesses et que nous n'avons pas compris les leurs.

Juillet 1987

1

Les conséquences d'une inconséquence : Abou Daoud relâché

La libération précipitée, presque prospective, de M. Abou Daoud, soupçonné d'avoir organisé, entre autres, la tuerie des Jeux Olympiques de Munich, en 1972 [1], a inspiré aux observateurs dans le monde deux conclusions bien précises.

La première est que le gouvernement français a déguisé en noble méditation juridique une piteuse reddition, dictée par la peur des représailles et le culte du pétrole.

La seconde est que la justice française n'a guère agi, en l'occurrence, de manière à effacer sa réputation, universellement établie, de patriotique docilité au service du pouvoir politique.

Cette sévérité est-elle imméritée? « La France n'a de leçons à recevoir de personne », a déclaré notre

17 janvier 1977.

1. Abou Daoud, alors un membre important du Fatah, la principale composante de l'Organisation de Libération de la Palestine (O.L.P.), était un des organisateurs de « Septembre noir », responsable de la vague d'attentats de 1972-1973 dont l'assassinat – suite à une prise d'otages ratée – de onze athlètes israéliens pendant les Jeux Olympiques de Munich.

ministre de l'Intérieur. Venant d'un pays qui en donne si volontiers, ce refus étonne.

La bonne conscience affichée par le gouvernement français ne paraît, en tout cas, guère communicative hors de nos frontières, c'est le moins qu'on puisse dire. Laissons de côté la presse israélienne et la presse allemande, puisqu'elles émanent de pays à la fois juges et parties dans l'affaire, comme nous, d'ailleurs, mais, contrairement à nous, incapables de vision objective. Laissons de côté la presse américaine et l'appréciation de M. Henry Kissinger, qui s'est déclaré « atterré » par la décision française, l'opinion du Président Carter, « surpris et troublé ». Oui, laissons cela, puisque les États-Unis sont, par définition, toujours tendancieux. Du reste, n'est-ce point, après tout, peut-être une provocation de la C.I.A. qui a poussé les Allemands à demander au ministre français de l'Intérieur l'arrestation du terroriste accrédité au Quai d'Orsay?

Mais prenons la presse anglaise, qui est dans une position assez neutre puisque la Grande-Bretagne a le bon goût de ne pas être la première puissance mondiale, de n'avoir pas eu de ressortissants assassinés à Munich et de ne pas avoir Munich sur son territoire. « Capitulation », « Acte méprisable », « La France est la risée du monde » : telles sont quelques-unes des fleurs que nous envoyaient en gros titres les quotidiens les plus populaires du mercredi 12 janvier.

« M. Abou Daoud avait raison de rire, en empochant le billet de 1re classe pour Alger que lui remettait à Orly un représentant du gouvernement, aux frais des contribuables français », lisait-on en légende sous une photo montrant l'événement. Les éditorialistes de la presse « de qualité » étaient moins virulents. Le *Guardian* estime que « la France a foulé aux pieds la campagne internationale contre le terrorisme », sans avoir étudié de bonne foi les demandes d'extradition ni même laissé aux pays intéressés le temps matériel de les lui soumettre.

Plus modéré, le *Financial Times* du 13 accorde les circonstances atténuantes au gouvernement français, en émettant l'hypothèse que ce dernier « a peut-être voulu agir dans l'intérêt de la paix au Proche-Orient ». Mais il n'en qualifie pas moins de « préoccupant » le comportement de la justice française et de « très lourd » le prix politique dont le président de la République « devra sans doute payer l'erreur de son ministre de l'Intérieur ».

Est-il si sûr qu'il y ait eu erreur? Sur le plan policier, l'erreur n'est pas évidente. L'enchaînement des faits pourrait bien être moins incohérent au fond qu'en apparence. Il est peu croyable que notre consul à Beyrouth n'ait pas su et fait savoir à qui le visa d'entrée en France était accordé, même si M. Abou Daoud participait sous un faux nom à la délégation qui devait se rendre à Paris pour assister aux obsèques d'un représentant de l'O.L.P. récemment assassiné dans la capitale française. Le vendredi 7, Bonn annonce l'arrivée d'un mandat d'arrêt international. Le gouvernement français doit bien l'exécuter. Dès lors, le jeu consiste à libérer M. Abou Daoud avant que n'arrive la demande d'extradition. Jeu d'enfant. L'Allemagne étant fédérale, il faut d'abord que le gouvernement de Bavière, État dans lequel a eu lieu le massacre de 1972, fasse parvenir la demande à Bonn, qui l'entérinera et dispose de vingt jours pour la transmettre. Comme toute la presse française avait annoncé que la chambre des mises en accusation ne se réunirait que le lundi 17, le coup de théâtre du mardi 11 a pris de court les autorités allemandes. Jamais la chambre des mises n'avait été aussi véloce! C'est un peu, à l'envers, *Section spéciale,* le film sur la justice politique sous Vichy qu'avaient vu les Français à la télévision la semaine précédente. Sous Vichy, la mission des juges était de condamner à tout prix des innocents; dans notre affaire, elle était d'élargir de toute urgence un présumé coupable. Telle est, du moins, la version des événements policiers qui fait le moins injure à l'intelligence de nos dirigeants.

Sur le plan politique, en revanche, l'erreur, l'inconséquence – et les conséquences – risquent d'apparaître, dans l'avenir, comme fort graves. Conséquences néfastes, d'abord, pour l'image de la France. Comment ne serait-elle pas ternie par le contraste entre nos perpétuelles proclamations d'« indépendance nationale », de « souveraineté » sacrée des États, et l'empressement ignominieux avec lequel nous déférons au chantage? Il n'est pas sûr que les chefs d'État arabes sérieux nous en sachent même gré.

Conséquences néfastes, ensuite, pour la solidarité dans la lutte internationale contre le terrorisme. La preuve est faite, maintenant, que les terroristes peuvent compter sur notre complicité au moins passive autant que sur celle (active) du colonel Kadhafi ou du maréchal Amine Dada [1]. Or, le

1. Dictateur sanguinaire (environ 200 000 morts) de l'Ouganda de 1971 à 1979, soutenu par le colonel Khadafi. Il accueillit en 1975 un avion d'*Air France* détourné par un commando germano-palestinien et coopéra avec les terroristes. Dans une opération célèbre, les Israéliens libérèrent alors les otages sur l'aéroport d'Entebbe.

terrorisme aveugle que pratiquent M. Abou Daoud et ses compagnons n'est même pas un combat politique. Il frappe des innocents, politiquement sans responsabilité ni influence, pour la seule raison que ce sont des proies faciles à atteindre. Les Palestiniens ont droit à une patrie, certes, mais on ne voit pas qu'ils puissent la trouver en assassinant des Portoricains, des Hollandais, ou des athlètes israéliens.

Conséquences néfastes, enfin, pour la paix au Proche-Orient. Depuis quelque temps, on le sait, des négociations directes et discrètes sont enfin menées entre Palestiniens et Israéliens. L'attitude française ne peut que les compromettre : elle exacerbe l'intransigeance israélienne, comme l'a montré l'explosion de colère de ces derniers jours, et encourage les Palestiniens à une surenchère qui (amer paradoxe) les précipite, en fin de compte, dans la guerre avec d'autres Arabes, dans les bains de sang de Jordanie en 1970 et du Liban depuis deux ans.

Le tour de passe-passe policier s'achève en désastre politique. Aucun gouvernement n'avait réussi une telle opération de prestige depuis l'expédition de Suez.

2

Les parrains de la violence

L'appui moral accordé par certains intellectuels français des plus glorieux aux terroristes allemands et italiens nous montre les ravages de la dialectique prônant trop souvent comme étant « de gauche » ce qui tend à détruire la démocratie.

L'article de Jean Genet paru dans *Le Monde* du 2 septembre est, à cet égard, exemplaire. On y retrouve tous les stéréotypes : les sociétés démocratiques y sont dépeintes comme des sociétés totalitaires, ce qui donc légitime l'assassinat, ultime recours disponible contre une tyrannie absolue et sans faille. Jean Genet n'ignore pas que, pour faire avaler un vieux cliché, il vaut mieux l'habiller de quelque nouvelle frivolité de vocabulaire. Aussi distingue-t-il « brutalité » et « violence ». La première est l'oppression bourgeoise. La seconde est libération, création, vie.

Avec un à-propos prémonitoire, vu les quatre homicides et l'enlèvement qui devaient avoir lieu trois jours plus tard [1], Jean Genet affirme donc que

---

13 septembre 1977.

1. Le 5 septembre 1977, l'organisation « Main rouge » enlevait Hans Martin Schleyer, président du patronat allemand, et

« c'est la brutalité même de la société allemande qui a rendu nécessaire la violence » de la *Rote Armee Fraktion.* Nous sommes en Ouganda, au Cambodge. Aucun autre moyen que le meurtre, c'est de notoriété publique, ne reste aux citoyens allemands pour faire valoir leur point de vue. A partir du moment où l'on postule que les sociétés pluralistes sont monolithiques, on absout du même coup les régimes totalitaires. Jean Genet conclut logiquement son apologie de la Fraction Armée rouge (c'est la traduction de *Rote Armee Fraktion*) par un éloge de l'U.R.S.S. « progressiste », d'une encre que l'on aurait pu croire devenue provisoirement introuvable.

Cette interversion des rôles n'est pas « de gauche », ou ne devrait pas l'être. Elle provient directement de la vieille extrême droite, la stalinienne comme la fasciste et la nazie. Il ne faut pas oublier, en effet, que les fascistes et les nazis condamnaient violemment les « ploutocraties » et les « pseudo-démocraties pourries », en appuyant cette condamnation sur des analyses « de gauche » : les premiers programmes fascistes annoncent l'impôt sur le capital et l'autogestion! Quant au programme en 25 points que Hitler élabora le 20 décembre 1920, il prévoit « l'abolition du revenu qui n'est pas le produit du travail et de l'effort », « la nationalisation de tous les trusts déjà existants », ou encore « la participation des employés aux bénéfices dans toutes les grandes entreprises ».

C'est au nom de ces idéaux que les Chemises

tuait dans l'opération son chauffeur et trois autres personnes, collaborateurs et gardes du corps, présents dans sa voiture.

Violence et brutalité

Violence et vie sont à peu près synonymes. Le grain de blé qui germe et fend la terre gelée, le bec du poussin qui brise la coquille de l'œuf, la fécondation de la femme, la naissance d'un enfant, relèvent d'accusation de violence. Et personne ne met en cause l'enfant, la femme, le poussin, le bourgeon, le grain de blé. Le procès qui est fait à la R.A.F. (*Rote Armee Fraktion*), le procès de sa violence est bien réel, mais l'Allemagne fédérale et, avec elle, toute l'Europe et l'Amérique veulent se duper. Plus ou moins obscurément, tout le monde sait que ces deux mots : procès et violence, en cachent un troisième : la brutalité. La brutalité du système. Et le procès fait à la violence c'est cela même qui est la brutalité. Et plus la brutalité sera grande, plus le procès infamant, plus la violence devient impérieuse et nécessaire. Plus la brutalité est cassante, plus la violence qui est vie sera exigeante jusqu'à l'héroïsme. Voici une phrase d'Andreas Baader : « La violence est un potentiel économique. »

(...) Comme les exemples de violence nécessaire sont incalculables, les faits de brutalité le sont aussi, puisque la brutalité vient s'opposer toujours à la violence, je veux dire encore à une dynamique ininterrompue, qui est la vie même. La brutalité prend donc les formes les plus inattendues, pas décelables immédiatement comme brutalité : l'architecture des H.L.M., la bureaucratie, le remplacement du mot – propre ou connu – par le chiffre, la priorité, dans la circulation, donnée à la vitesse sur la lenteur des piétons, l'autorité de la machine sur l'homme qui la sert, la codification des lois prévalant sur la coutume, la progression numérique des peines, l'usage du secret empêchant une connaissance d'intérêt général, l'inutilité de la gifle dans les commissariats, le tutoiement policier envers qui a la peau brune, la courbette obséquieuse devant le pourboire et l'ironie ou la grossièreté s'il n'y a pas de pourboire, la marche au pas de l'oie, le bombardement d'Haiphong, la Rolls-Royce de 40 millions... Bien sûr, aucune énumération ne saurait épuiser les faits, qui sont comme les avatars multiples par lesquels la brutalité s'impose. Et toute la violence spontanée de la vie continuée par la violence des révolutionnaires sera tout juste suffisante pour faire échec à la brutalité organisée.

Nous devons à Andreas Baader, à Ulrike Meinhof, à Holger Meine, à la R.A.F. en général, de nous avoir fait comprendre, non seulement par des mots, mais par leurs actions, hors de prison et dans les prisons, que la violence seule peut achever la brutalité des hommes.

(...) Sans se soucier des anecdotes sur le Kremlin, les vaticinations de De Gaulle sur certain dîner de Staline ou d'autres détails rapportés par les kremlinologues, et qui ont autant de signification que les écarts sentimentaux de la reine d'Angleterre, la R.A.F. s'attache à démontrer que, de Lénine jusqu'à maintenant, la politique soviétique ne s'est jamais écartée du soutien aux peuples du tiers monde. Qu'on l'explique comme on voudra, cette politique n'est jamais en défaut.

(...) Ce que l'U.R.S.S. a fait – ce qu'elle aurait fait de négatif sans être escamoté, cède à ce qu'elle a fait, qu'elle fait, de positif. Chaque membre de la R.A.F. accepte, revendique, exige d'être, et entièrement, jusqu'à la torture et jusqu'à la mort, l'une des îles de cet archipel du Goulag occidental.

(...) L'Allemagne est devenue ce qu'en attendaient les gouvernements des États-Unis : leur extrême glacis à l'Est, et le plus offensif. A cette brutalité, se perpétuant elle-même selon sa logique devenue folle, interdisant ou laminant un parti communiste presque hors la loi, la R.A.F. ne pouvait opposer que la violence héroïque. L'attitude d'Andreas, d'Ulrike et de ses camarades, se nourrit, se fortifie, d'exigences de plus en plus inaccessibles, de plus en plus « inhumaines »; il faut alors se demander qui est la cause : cette Allemagne inhumaine voulue par l'Amérique. Et demandons-nous si l'aggravation n'est pas obtenue par la prison, l'isolement, les systèmes d'écoute – à les lire, on a l'impression que les prisonniers sont à l'intérieur d'une énorme oreille, – les systèmes d'observation, le silence, la lumière; et si l'aggravation n'était pas voulue – par Buback et par le système, – afin que les prisonniers nous apparaissent monstrueux, que leur mort, lente ou brutale, nous laisse indifférents, afin que nous ne sachions plus s'il s'agit d'hommes que d'autres torturent, mais d'un monstre qu'on a capturé.

(...) Quand ils dénoncent les brutalités des États-Unis et de son agent privilégié, l'Allemagne fédérale, c'est de cette Allemagne asservie qu'ils se préoccupent, mais c'est au même moment, dans le même mouvement qu'ils se préoccupent de toute la misère du monde. Et quand ils écrivent cela, les membres de la R.A.F. ne prouvent pas seulement la générosité et la tendresse voilée de tout révolutionnaire, ils disent encore une sensibilité très délicate à l'égard de ce qu'ici, en Europe, nous continuons à nommer le rebut.

Dire que la situation qui est faite aux membres emprisonnés de la R.A.F. est criminelle, c'est ne rien dire. Le jugement moral cesse, dans les consciences des magistrats et dans celles de la population, que les moyens de presse, donc de pression, ont conduit à l'état passionné du répit absolu. Il est à craindre que l'Allemagne se sente purifiée quand « *tous seront morts, et morts par leur volonté de mourir* », donc « *morts parce qu'ils se savent coupables* », puisque c'est la signification tranquillisante pour l'Allemagne des grèves de la faim et de la soif jusqu'à la mort.

(...) Si l'on veut, je crois voir ici un double phénomène de mépris. L'Allemagne cherche – et dans une certaine mesure réussit – à donner de la R.A.F. une image terrifiante, monstrueuse. D'autre part, et par le même mouvement, le reste de l'Europe et l'Amérique, en encourageant l'intransigeance de l'Allemagne dans son activité tortionnaire contre la R.A.F., cherchent, et dans une certaine mesure réussissent, à donner de l'Allemagne « éternelle » une image terrifiante, monstrueuse.

Jean Genet, *Le Monde*, 2 septembre 1977.

noires, les « arditi » et les Sections d'Assaut se livraient à des brutalités – pardon! à des violences – identiques à celles de la bande à Baader et des Brigades rouges actuelles. L'article de Jean Genet pourrait être signé Gabriele D'Annunzio – écrivain qui, lui aussi, passait pour « révolutionnaire » et que, à ce titre, Lénine, en ces années lointaines, félicita pour son action. Ce n'est pas la première fois qu'on veut tuer les gens pour les libérer. Mais la renaissance périodique de ces aberrations meurtrières est assurée par la plus constante, la plus puissante, la plus nuisible des grandes forces qui mènent l'Histoire : l'amnésie. Chaque génération, semble-t-il, tient à tomber dans les mêmes pièges que les précédentes, et à en sortir, quand elle le peut, au prix des mêmes affres.

Comme l'a très bien dit, avec compétence et courage, le Pr Alfred Grosser, dans ses remarquables interventions à *Europe 1* et à *Antenne 2* ainsi que dans son article du *Monde* du 9 septembre, l'indulgence pour les terroristes ouest-allemands repose sur une vision « fantasmagorique » de la R.F.A. Contrairement à un préjugé répandu hors d'Allemagne, le Parti communiste, s'il y fut jadis interdit, y est aujourd'hui autorisé. Ce n'est pas la faute du gouvernement s'il ne séduit pas plus les électeurs que le parti néo-nazi, lequel a obtenu 0,4 % des voix aux dernières élections. Les interdictions professionnelles excluant les membres du P.C. de la fonction publique, et seulement de la fonction publique, sont, bien sûr, inacceptables en démocratie. Reste que le P.C. ouest-allemand, sans racines, est une créature de l'Allemagne de l'Est, et que la République fédérale est le pays qui contient le plus grand nombre d'espions au kilomètre carré, au point d'en avoir hissé un, on s'en souvient, jusque parmi les collaborateurs immédiats du chancelier Willy Brandt. Et pour un qui fut démasqué, combien y en a-t-il qui opèrent encore, même à ce niveau élevé? C'est l'éternel problème de savoir comment on peut se défendre démocratiquement contre des menées antidémocratiques. Il n'est pas résolu. Il le sera encore moins si les terroristes parviennent à convaincre l'opinion qu'il est insoluble.

C'est la contradiction dans laquelle se débat également l'Italie. En juillet dernier, plusieurs intellectuels français, dont Jean-Paul Sartre (qui avait déjà, lui aussi, témoigné spectaculairement sa sympathie à Baader et à ses amis), ont émis un communiqué dénonçant les « violations des droits de l'homme » en Italie. Par violations, ils entendaient la lutte contre le terrorisme des Brigades rouges et du Nap (Noyau d'action prolétarienne). Ce communiqué a été tourné en dérision par la presse italienne de toutes nuances politiques, comme irresponsable et prétentieusement paternaliste. Certes, il existe en Italie, du fait du compromis historique [1], une périlleuse uniformisation de la pensée, de l'information, de l'éducation. Certes, il y existe une opposition

1. « Compromis historique » : formule inventé en 1973 par le premier secrétaire du Parti communiste italien, Enrico Berlinguer, pour désigner la nouvelle stratégie communiste en Italie : abandon de la perspective révolutionnaire et entente avec la Démocratie chrétienne. Le compromis historique ne reçut jamais d'application gouvernementale concrète; mais son éventualité créa incontestablement en Italie, pendant quelques années, un climat de connivence D.C.-P.C. qu'Aldo Moro (voir note 2 du chapitre 7) avait exquisément baptisé « les convergences parallèles » (1987).

partielle de la jeunesse à toutes les formations politiques et syndicales régnant aujourd'hui ensemble, ce qui donne une gauche de la gauche, rejetée par le P.C.I. comme « fasciste » (elle aussi !). Mais confondre les étudiants inorganisés, et politiquement indifférenciés, qui ont manifesté dans le désordre à Bologne et à Rome, avec les groupes violents, bien structurés, bien armés, bien entraînés, bien pourvus (par qui ?) d'argent, de moyens de transport et de « planques », c'est une erreur, j'espère involontaire. Ces groupes, en juin et juillet, par exemple, ont commis en moyenne un attentat par balles tous les trois jours. Souvent, ils frappent en série : journalistes ou magistrats ou politiciens, le même jour, à la même heure, dans différentes villes. Ce qui prouve que la « spontanéité des masses » a peu de part dans ces crimes, préparés, coordonnnés, dirigés par des chefs et selon des méthodes militaires.

Il est un petit nombre de sociétés où l'homme peut défendre et étendre ses droits par d'autres moyens que la violence. Si certains, dans ces sociétés mêmes où la violence n'est pas nécessaire, choisissent néanmoins de verser le sang pour se faire écouter, c'est que leur poids politique réel est trop faible pour qu'ils parviennent à se faire écouter autrement. Aussi leur rage traduit-elle l'impasse où se trouvent non pas les régimes qu'ils veulent détruire, mais ceux qu'ils veulent instaurer, ou imiter.

3

Légaliser le crime politique? Les amis de Klaus Croissant et de la bande à Baader

Une pétition a vu le jour à Paris, exigeant l'abolition de la Convention européenne antiterroriste, et mettant en garde les autorités françaises contre l'extradition de Klaus Croissant, avocat et présumé complice des membres de la Fraction allemande de l'Armée rouge, connue aussi sous le nom de bande à Baader [1]. La raison donnée par les

17 octobre 1977.

1. Klaus Croissant, avocat de la bande à Baader, chez qui la police allemande avait trouvé des preuves de complicité avec les terroristes, s'était réfugié en France pour échapper à la justice de son pays. La R.F.A. demanda son extradition, qui fut accordée par l'autorité judiciaire française au vu du dossier. La gauche tout entière s'enflamma en faveur de Croissant, victime à ses yeux d'une Allemagne totalitaire, nouveau Dreyfus, livré à ses « bourreaux » par un gouvernement français réactionnaire, pour délit d'opinion et non pour complicité d'assassinat, bien entendu.

Près de deux cents « personnalités » françaises signèrent une lettre ouverte demandant « sa libération immédiate ». Parmi les signataires figuraient les noms de : Mmes Simone de Beauvoir, Françoise Mallet-Joris, Françoise Sagan; MM. Maurice Clavel, Régis Debray, Gilles Deleuze, Vladimir Jankélévitch, Pierre signataires est excellente : les droits de la défense ne sont plus assurés en République fédérale. Et, en effet, des dizaines de terroristes actuellement incarcérés en Allemagne ne peuvent recevoir la visite de leurs avocats, ce qui est inacceptable dans une démocratie.

Pourquoi en est-il ainsi? Parce que plusieurs avocats d'agents de la Fraction Armée rouge ont été, par le passé, soupçonnés, pour de bonnes raisons, semble-t-il, de servir de messagers entre leurs clients incarcérés et les membres de la bande en activité à l'extérieur. Ils auraient transmis des ordres et des plans détaillés d'assassinats et de prises d'otages. En outre, on leur reproche de justifier le terrorisme lorsqu'ils plaident. Les Français ont vu, d'ailleurs, Me Klaus Croissant le faire à la télévision. Ces avocats, déclare un conseil de Croissant, Me de Félice, « ont assumé leur fonction jusqu'au bout et assuré une défense politique dans les affaires politiques ».

Mais d'après quel critère décide-t-on qu'une affaire est politique ou qu'elle est de droit commun? Suffit-il que l'assassin, convaincu de meurtre avec préméditation, déclare que son crime de sang est politique, pour que son acte soit aussitôt assimilé à

Joxe, Georges Kiejman, Jean-Paul Sartre, Haroun Tazieff, Laurent Schwartz, Me Robert Badinter et Me Jean-Denis Bredin.

Rien n'indique mieux que ces réactions grotesques l'incompréhension des élites dirigeantes occidentales devant le terrorisme international. Elles portent une lourde responsabilité dans le développement ultérieur du terrorisme. Il faudra encore de nombreux cadavres, avant qu'elles commencent à comprendre. Croissant fut condamné à une peine légère et revint vivre en France (1987).

un délit d'opinion, comme s'il s'était borné à écrire un article contre le gouvernement? Dès lors, les crimes des nazis n'étaient-ils pas politiques, puisque les bouchers d'Oradour n'ont évidemment pas agi pour faire un hold-up, mais par conviction, pour servir une cause à leurs yeux juste? Et n'aurait-on pas dû avertir les avocats, au procès de Nuremberg, qu'ils avaient licence de transmettre impunément des instructions aux nazis échappés à la capture, comme le devoir de justifier les principes au nom desquels leurs clients avaient agi, c'est-à-dire d'assurer « une défense politique dans des affaires politiques »? Si la définition juridique de l'assassinat avec préméditation, l'étiquette « crime » ou « délit d'opinion » relèvent du pouvoir discrétionnaire du meurtrier lui-même, pourquoi faire des exceptions? La loi doit être identique pour tous.

Le raisonnement de base des apologistes français de la bande à Baader est en substance le même que celui des terroristes basques qui, de nouveau, ont tué à Guernica, le 8 octobre. L'« Organisation militaire socialiste révolutionnaire basque de libération », l'ETA, en effet, a émis, en revendiquant son triple meurtre, le communiqué suivant : « Notre action ne peut pas déstabiliser la démocratie, parce qu'il n'existe aucune démocratie dans l'État espagnol. Nous avons la même dictature militaire qu'auparavant, simplement avec une expression souriante. »

Tout est là. Si l'on part du postulat qu'il n'y a pas plus de démocratie dans l'Espagne de 1977 que dans celle de 1947, et dans l'Allemagne de 1977 que dans celle de 1937, nous tombons dans le cas où, comme aujourd'hui en Iran ou en U.R.S.S., l'opposition pacifique n'a plus guère d'autre choix que de cesser d'être pacifique.

En est-il aujourd'hui ainsi en Allemagne et en Espagne? A la veille des élections générales espagnoles [1], il n'y avait plus de condamnés politiques en prison, même quand ils étaient coupables de meurtres commis *après* la mort de Franco, indulgence unique de la part d'un État, quel qu'il soit. Au moment du crime du 8 octobre, une commission était en train d'étudier un projet d'autonomie interne basque, cent mille Basques avaient manifesté, la veille, dans les rues de Bilbao, sans rencontrer aucune réplique policière, si bien qu'une branche de l'ETA (laquelle?) venait d'annoncer l'arrêt de l'action armée. Visiblement, une autre branche n'était pas d'accord, ni d'avis que le régime s'était démocratisé. De même, les amis français de Klaus Croissant estiment que la République fédérale allemande, malgré des apparences qui trompent le monde entier sauf eux, est totalitaire et que la Fraction Armée rouge défend la liberté. Dans cette optique, leur logique est parfaite.

Ou, plutôt, elle le serait si leur comportement ne la contredisait pas. Un résistant arrêté dans un vrai régime totalitaire sait parfaitement à quoi s'en tenir sur les « droits de la défense ». Le seul fait que les pro-Baader réclament, à juste titre, la plénitude des garanties dont bénéficie tout inculpé, tout accusé,

---

1. Les premières élections au suffrage universel depuis quarante et un ans avaient eu lieu le 15 juin 1977, pour élire une Assemblée constituante. L'U.C.D. (Union du Centre) d'Adolfo Suarez avait obtenu 34,72 % des suffrages, le Parti socialiste de Felipe Gonzalez, 29,25; le Parti communiste espagnol de Santiago Carrillo, 9,25 %; et l'Alliance populaire (droite) de Manuel Fraga, 8,34 %. Auparavant, le 11 mars, avait été décrétée une amnistie totale, sauf pour les auteurs de crimes de sang. (1987).

tout condamné, dans une démocratie, prouve qu'ils ne croient pas ce qu'ils disent, quand ils se proclament en régime totalitaire. Les amis d'un homme tombé entre les mains de la Gestapo, en 1943, ne perdaient par leur temps à de telles fioritures. Le terroriste Michel Apalategui, sous le coup d'une demande d'extradition, vient de disparaître à Marseille après avoir été mis en liberté sous contrôle judiciaire. Imagine-t-on un responsable d'attentats en U.R.S.S., d'abord échappant au K.G.B., ensuite se réfugiant en Pologne, sans être extradé par la Justice polonaise, pour finir par être mis par elle en liberté provisoire, et par disparaître? La question même est absurde.

La philosophie politique selon laquelle, dans le système capitaliste, il n'y a aucune différence essentielle entre un régime libéral et un régime fasciste n'a pas été inventée par l'ETA et la bande à Baader : c'est la doctrine marxiste-léniniste classique, mais, en l'occurrence, rigoureusement appliquée, jusqu'à ses démences ultimes. Et la démocratie, c'est vrai, n'a pas le droit de se défendre en trahissant ses propres principes. Nous devons laisser aux terroristes le bénéfice de toutes les lois démocratiques, même s'ils veulent s'en servir pour les détruire. Mais *seulement* le bénéfice de ces lois : pas plus. Or, ce qu'ils nous demandent, c'est plus : c'est un privilège, c'est justement que le droit commun ne leur soit pas appliqué. Seule une loi nouvelle et audacieuse paraît devoir les satisfaire : l'amnistie non seulement du passé, mais de l'avenir, l'amnistie préventive, le non-lieu anticipé pour tous les criminels futurs qui s'autobaptiseront « politiques ».

Qu'en accordant leur appui à de telles folies, les démocrates, les socialistes croient servir la cause des droits de l'homme est tragique. Déjà, l'armée espagnole murmure que la compréhension du gouvernement n'a pas payé, que la démocratisation du pays a été trop rapide. Si, demain, l'ETA s'avise d'assassiner un officier supérieur, cela risque bien d'être le Sarajevo de la démocratie espagnole. Ce qui donnera aux pétitionnaires calamiteux quelques belles années pour signer contre la nouvelle dictature.

4

Terreur et démocratie

Face à un terrorisme dont l'organisation est internationale, la défense antiterroriste ne peut elle-même qu'être internationale. Sans coopération entre les nations, elle ne saurait être efficace. A cet égard, une évolution encourageante semble se dessiner dans les pays du tiers monde, qui vont peut-être cesser de considérer nécessairement tous les détourneurs d'avions comme des alliés objectifs. La condamnation du terrorisme aux Nations unies, où elle était bloquée depuis longtemps par la « majorité automatique » des pays communistes et des pays en voie de développement, retrouve maintenant une chance d'être votée [1].

Mais l'échec relatif que vient de subir le terrorisme international [2] (relatif, puisque Hans Martin

24 octobre 1977.

1. Elle ne l'a, en définitive, toujours pas été (1987).
2. Il s'agit de la neutralisation, par un commando antiterroriste spécialisé, venu de République fédérale d'Allemagne, de terroristes allemands qui avaient détourné un avion de la *Lufthansa,* lequel s'était posé à Mogadiscio (Somalie). Hans Martin Schleyer, président de la Confédération du patronat allemand, enlevé quelques semaines plus tôt, venait d'autre part

Schleyer a, malgré tout, bel et bien été assassiné) ne doit pas faire croire que le problème est résolu et que l'on a mis au point la parade définitive. En effet, le terrorisme actuel à travers le monde est un phénomène beaucoup trop varié, émanant de situations et de motivations trop différentes les unes des autres, pour relever des mêmes remèdes.

On ne saurait classer dans la même catégorie le terrorisme qui est résistance à une tyrannie et celui qui vise à détruire une démocratie. Sur le plan international, les deux peuvent collaborer, mais, par leurs mobiles comme par leurs buts, ils sont de signes exactement contraires. On peut discuter de l'efficacité politique du premier, déplorer l'horreur de victimes innocentes, mais on doit constater qu'il constitue, dans son intention initiale, une riposte à une terreur d'État proscrivant les formes légales d'opposition.

La folie commence à partir du moment où l'on prétend que cette terreur d'État est la même dans les démocraties que dans les dictatures, et donc y justifie aussi, par sa propre violence, l'opposition violente. C'est le cas des terrorismes allemand, italien, japonais et, depuis la démocratisation de l'Espagne, basque, Sans soutien de la population, les représentants de ces terrorismes s'investissent eux-mêmes d'une mission, fondée sur une analyse imaginaire de leur société. Ils déguisent en cause politique leur goût personnel du meurtre.

La première sorte de terrorisme relève de solu-

---

d'être retrouvé assassiné, dans le coffre d'une voiture, comme le sera, l'année suivante, l'homme d'État italien Aldo Moro. (1987)

tions de fond, politiques, économiques, ethniques, territoriales. La seconde sorte ne relève que de l'autodéfense du peuple tout entier, car nul ne voit quelle solution de fond peut calmer le terrorisme groupusculaire et pathologique, sinon l'attribution du pouvoir absolu aux assassins, avec licence de remodeler la société à leur guise : ce qui, d'ailleurs, se déroule depuis deux ans au Cambodge.

Aucune coopération internationale contre les terroristes ne sera durable tant que l'on confondra les deux sortes de violence. Or, c'est ce que l'on fait. Certes, les éloges sans restriction de la Fraction Armée rouge ont été mis en sourdine depuis le début du détournement de l'avion de la *Lufthansa*. Mais, en filigrane, ou faisant irruption çà et là comme « le retour du refoulé », apparaissent des stéréotypes bizarres, légitimant à demi les crimes de la bande, tout en les condamnant. Après la libération des otages, qu'on aurait pu croire une bonne nouvelle, *Le Matin* voir s'ouvrir une sombre période, car « le risque d'une chasse aux sorcières allant bien au-delà des seuls terroristes pèse sur l'Allemagne fédérale et à plus long terme sur les pays occidentaux ». Sombre dimanche, en somme. Mais que fallait-il faire?

Dans d'autres commentaires, on lit que la démocratie a sans doute été sauvée par la défaite du terrorisme, mais qu'en même temps elle n'existait déjà presque plus, ce qui semble donner raison aux terroristes. *Le Monde* écrit : « Les excès de la répression ne sauraient faire oublier le bilan des massacres provoqués par des desesperados d'une République fédérale trop inquiète pour être tolérante. » Cette phrase est tellement ambiguë qu'on se demande de quel côté de la scène se trouvent les personnages les plus antipathiques. Si la répression est excessive, si l'Allemagne est intolérante, allons-nous défendre ce pouvoir qui usurpe le nom de démocratie?

N'est-ce pas lui qui est responsable, en dernier ressort, du terrorisme? Ce qui nous ramènerait, par conséquent, au cas du terrorisme de résistance et tendrait à atténuer l'atrocité des crimes commis. N'hésitons pas plus longtemps à désigner le vrai coupable : c'est la social-démocratie. *L'Humanité* a trouvé le secret du drame : « Dans le " dérèglement " général, dont les résurgences néo-nazies, les odieux crimes des terroristes ou les interdictions professionnelles ne sont que les symptômes les plus flagrants, la social-démocratie porte, hélas! une indéniable responsabilité. Le parti de Helmut Schmidt laisse le champ libre à ceux qui réclament à cor et à cri la répression de tous les démocrates et l'instauration, au nom de " la loi " et de " l'ordre ", d'un régime encore plus autoritaire. »

François Mitterrand n'a qu'à se le tenir pour dit : les véritables instigateurs du terrorisme international sont ses amis sociaux-démocrates, Brandt, Schmidt, Callaghan, Kreisky, Soares, qui prônent la « collaboration de classe ». On voit donc que, pour une partie de la presse française, les torts sont pour le moins partagés.

Ce flottement ne rend pas facile la définition d'une politique de protection contre le terrorisme, tant nationale qu'internationale. En effet, les moyens de légitime défense contre une association de malfaiteurs peuvent être étendus, tout en restant démocratiques. Mais, si l'on incline une minute sur deux à voir en ces malfaiteurs des opposants politiques, les moyens de défense peuvent être interprétés comme des « excès de la répression ». D'où les hésitations et les désaccords qui marquent actuellement l'élaboration en Espagne d'un projet de loi antiterroriste, objet d'une concertation entre le gouvernement et l'opposition. La même loi peut être à la fois insuffisante contre des malfaiteurs organisés et dangereuse pour les libertés des citoyens non violents.

Enfin, avant que ne se crée, ou ne s'étende suffisamment, une coopération internationale contre le terrorisme, il faudrait d'abord que fût supprimée celle qui existe en sa faveur. Aussi longtemps qu'un certain nombre de pays fourniront impunément armes, argent et asile aux professionnels planétaires de l'attentat et du détournement, et considéreront ce soutien comme un instrument normal de leur politique étrangère, il sera impossible de venir à bout du mal. Certes, le terrorisme à travers l'Histoire a souvent été le seul recours de l'opprimé. Je constate simplement que, depuis dix ans, il s'en est pris plus volontiers aux démocraties qu'aux dictatures. Peut-être est-ce plus facile?

5

En guerre contre la démocratie ? Ce sont eux qui le disent

Au moment où toute la France retentissait de controverses suscitées par l'extradition discutable (mais qu'il fut très vite impossible de discuter sur un plan rationnel) de Klaus Croissant, l'Italie subissait, au milieu de l'indifférence quasi générale de nos moyens d'information et de nos leaders politiques, une des vagues de violence armée les plus meurtrières de son histoire récente, pourtant déjà très chargée dans ce domaine.

Qu'on en juge : le 7 novembre, à la suite de l'assassinat d'un gardien de la paix, la police ferme, à Rome, les locaux d'une organisation terroriste dite « Comités ouvriers autonomes ». Aussitôt, des manifestations de protestation se déroulent dans la capitale et plusieurs autres villes, avec jets de grenades et tirs à balles. Le 8 novembre, à Milan, un dirigeant d'Alfa Romeo est grièvement blessé par les Brigades rouges de huit projectiles tirés dans les jambes, peu après qu'un conseiller municipal a subi le même sort. Le 10 novembre, la cible humaine du

28 novembre 1977.

jour est un cadre supérieur de la Fiat, à Turin.

Le 16, les Brigades rouges, cette fois, tirent à la tête, non plus pour mutiler et rendre infirme, mais pour tuer : Carlo Casalegno, 61 ans, ancien résistant antifasciste, directeur adjoint de *La Stampa,* le grand journal libéral de gauche, meurt sous les balles de la secte. Le 17, à Gênes, c'est au tour d'un cadre supérieur de la firme Ansaldo d'être criblé de neuf balles : il s'agit de Carlo Castellano, un des dirigeants du Parti communiste italien en Ligurie, chargé de cours à l'université de Gênes et fondateur, dans cette ville, de l'Institut Gramsci. Déjà, un journaliste de *L'Unitá,* organe central du P.C.I., Leone Ferrero, avait eu droit à sa rafale. On le voit, tous les partis sont frappés, même si la Démocratie chrétienne fournit le plus gros contingent.

Quel avait été le crime de Casalegno? D'avoir approuvé, dans un éditorial de *La Stampa* du 9 novembre, les perquisitions dans divers locaux d'organisations terroristes. « La loi du 8 août, écrivait-il, qui autorise la fermeture des caches, n'est pas liberticide. Elle dispose que les opérations de police se déroulent sous le contrôle de l'autorité judiciaire. Elle vise des délits, non des opinions. Avec toutes les indispensables garanties démocratiques, espérons que vont finir la distraction ou l'indulgence qui ont assuré à la guérilla urbaine des années d'immunité, et l'inviolabilité de ses sanctuaires. » Rappelant que le droit à la liberté d'opinion ne s'étend pas jusqu'à l'apologie du meurtre, Casalegno citait le programme édifiant d'un certain Pifano, chef romain des « Autonomes ouvriers » (parmi lesquels ne se rencontre naturellement pas le moindre ouvrier) :

« Nous sommes en guerre; et, à la guerre, celui qui gagne, c'est celui qui tire le premier. »

Le principe de Pifano, d'une rare élévation démocratique, est d'autant plus facilement applicable que la péninsule est truffée d'arsenaux. De janvier à septembre, la police avait saisi plusieurs milliers d'armes à feu, des revolvers et des fusils, des mitrailleuses et des mortiers, 393 500 cartouches, 8 516 projectiles d'artillerie (!), et cinq tonnes d'explosifs. Quoi d'étonnant, donc, que, en dix mois, l'Italie ait été le théâtre de 1 693 attentats?

Si notre but à tous est de défendre la légalité, la démocratie et les droits de l'homme, cette défense consiste autant à neutraliser les assassins de Casalegno et leurs émules qu'à protéger Klaus Croissant contre une extradition estimée arbitraire. Les deux objectifs sont inséparables. Or, je n'ai entendu parler d'aucun meeting, à la Mutualité ou ailleurs, destiné à manifester une quelconque solidarité aux démocrates italiens de toutes appartenances politiques qui, depuis des mois, tombent presque chaque semaine sous les balles des tueurs. Et il n'est pas possible, dans le cas de l'Italie, encore moins possible que dans le cas de l'Allemagne, de renvoyer dos à dos l'État démocratique et ses ennemis, en soutenant que « les torts sont partagés », et que le terrorisme n'existerait pas si l'État était moins oppressif.

Déjà largement mythologique dans le cas de l'État fédéral allemand, cette thèse devient ridicule à propos du malheureux État italien, totalement incapable de se faire obéir à plus de 4,50 m des palais ministériels. On n'exige, en Italie, d'aucun aspirant fonctionnaire qu'il s'engage, comme en Allemagne, à respecter la constitution. Le gouvernement écarte toute idée de recourir à des lois d'exception, et le ministre de l'Intérieur, Francesco Cossiga, démocrate-chrétien et cousin germain d'Enrico Berlinguer, le chef du Parti communiste, a bien précisé qu'il n'en demanderait aucune, la difficulté d'appliquer les lois existantes étant déjà bien assez grande. Si tragique est l'impuissance des pouvoirs publics que le Parti communiste, par la bouche du sénateur Ugo Pecchioli, « contre-ministre » de l'Intérieur du P.C.I., et son expert en matière d'ordre public, a proposé de mobiliser les bons citoyens, et plus particulièrement les militants du Parti, contre le terrorisme, de constituer en quelque sorte une garde nationale et des comités de vigilance pour pallier l'insuffisance de la police d'État. Bien entendu, on lui a aussitôt fait remarquer qu'une telle police parallèle serait contraire à la constitution.

Selon Pecchioli, le projet terroriste est très clair : « Susciter une réaction autoritaire, une para-dictature policière, contre laquelle se dresserait une résistance des masses, une lutte armée, qui conduirait à une palingénésie révolutionnaire. »

Le perspicace sénateur communiste analyse ainsi fort bien un très vieux raisonnement qui a déjà coûté souvent fort cher. Ce raisonnement est d'autant plus prisé aujourd'hui que, pour la première fois depuis la fin de la Deuxième Guerre mondiale, il n'y a pas, en Europe occidentale, de dictature de droite. En d'autres termes, on pourrait dire que c'est seulement depuis deux ans que les objectifs des démocraties durant la guerre de 1939-1945 ont été complètement atteints, avec l'élimination des derniers régimes fascistes. Mais aussi, jusqu'à ces derniers temps, Franco, les colonels grecs, Salazar, dans une certaine dialectique, servaient à « équilibrer » les crimes de Staline et le Goulag. Depuis leur disparition, depuis que, par bonheur, enfin, il n'y a plus, dans l'Europe non communiste, que des gouvernements issus de la souveraineté populaire, quel instinct de mort pousse donc les « révolutionnaires sans révolution » à fantasmer des dictatures imaginaires? Comment comparer les résistants de jadis, qui donnaient leur vie pour la restauration de la démocratie, avec les violents d'aujourd'hui qui prennent la vie des autres pour sa destruction?

6

Terrorisme et gangstérisme

Les parrains rusés de la Mafia et les enfants fous du meurtre politique sont-ils les outils inconscients de lointains services secrets qui veulent faire sombrer les dernières démocraties européennes? Devant la recrudescence de la criminalité politico-crapuleuse, que peuvent faire les démocraties pour répliquer à cette menace sans trahir leurs propres principes?

Toutes les périodes de forte activité terroriste, comme la nôtre, se caractérisent par une compénétration du monde des truands et des cercles politiques violents. Bandits invoquant des motifs politiques pour donner le change, ou politiques imitant les méthodes éprouvées des bandits entretiennent à plaisir et parfois à dessein l'équivoque. Les ravisseurs de Revelli-Beaumont, un des dirigeants de la Fiat, ne visaient que la rançon; mais ils ont pu jouer de leur statut, réel ou imaginaire, de réfugiés politiques argentins pour obtenir que l'Espagne refuse à la France leur extradition. Après l'enlèvement du baron Empain, riche industriel belge, la

---

3 janvier 1978.

police a oscillé entre l'interprétation crapuleuse et l'interprétation politique. La tradition n'est pas perdue de la bande à Bonnot d'avant 1914, qui prétendait servir l'anarchisme, mais, en fait, ne reversait qu'un dixième du fruit de ses rapines à la « cause ». Le terrorisme politique international actuel se procure, en rançons et en hold-up, des centaines de millions de dollars par an, sommes dépassant de beaucoup ses « frais » réels. Aux États-Unis aussi, la *Symbionese Liberation Army* (devenue mondialement célèbre lors du rapt de Patty Hearst) fut à la fois Al Capone et Zorro.

De même, il est souvent difficile de discerner terrorisme de droite et terrorisme de gauche. Les deux sont interchangeables dans les situations troubles. Les partis politiques ont toujours tendance à ne dénoncer que le terrorisme du bord qui leur est opposé. Historien du terrorisme, Walter Laqueur souligne dans un livre récent [1] l'étonnante facilité avec laquelle certains terroristes sont passés de la droite à la gauche et de la gauche à la droite. En France, nous en avons un exemple avec les autonomistes bretons, « collaborateurs » sous l'Occupation et socialisants aujourd'hui.

Quant à la participation éventuelle de services secrets étrangers, mieux elle est faite, moins elle est visible. Les services sérieux n'apparaissent jamais « en nom » et n'agissent qu'à travers une chaîne d'intermédiaires, dont les derniers maillons peuvent ne se douter en rien de l'origine des forces qui les meuvent ou les appuient. Rares, mais non négligeables, sont les cas où des gouvernements, comme le

---

1. *Terrorisme,* P.U.F.

cubain en Amérique latine durant les années 60, comme le libyen aujourd'hui dans le monde entier, arment et financent presque ouvertement des groupes terroristes à l'étranger. De toute manière, il ne s'agit jamais que d'exploiter des virtualités locales authentiques. Les Yougoslaves, eux, sans s'ingérer dans la politique intérieure des autres pays, se bornent à y faire discrètement assassiner leurs propres ressortissants, membres de l'opposition, à moins qu'ils ne les fassent simplement kidnapper pour les rapatrier, en prison, bien sûr. Trois cas récents d'opposants prosoviétiques (Vlada Daptchevitch, Mileta Perovitch, Bogdan Yovovitch) ont illustré cette version émouvante de la « voie yougoslave » dans l'application des accords d'Helsinki sur la circulation des personnes.

La diversité des motivations terroristes se ramène à un commun dénominateur : la résistance à l'oppression. Mais le paradoxe du genre veut que le terrorisme soit d'autant plus efficace, c'est-à-dire destructeur, que l'oppression est moindre. C'est dans les démocraties que le terrorisme sévit le plus, aujourd'hui, non parce que ce sont les sociétés qui le méritent le plus, mais parce que ce sont celles où organiser le terrorisme rencontre le moins d'obstacles. Il est plus facile d'enlever le baron Empain que Pinochet. Si l'on est pris, les conséquences sont moins graves. Il est moins risqué d'assassiner le directeur adjoint de *La Stampa* à Turin que le général Videla, le dictateur argentin.

Niant, pour tuer, la validité de la loi dont il réclame ensuite à bon droit le bénéfice quand il est arrêté, le terroriste en démocratie est à peine vulnérable. Il est exclu que dans un pays totalitaire, en

U.R.S.S. ou en Chine, des terroristes puissent, comme chez nous, traverser librement les frontières, ou même se déplacer à l'intérieur des frontières, se faire virer de colossales sommes d'argent de l'étranger, stocker des armes, louer des appartements, acheter des voitures sous de fausses identités. Cette seule énumération suffit à faire ressortir l'invraisemblance totale d'un succès du terrorisme dans les sociétés où la « violence institutionnelle » est plus qu'une parole creuse et un slogan irresponsable.

Aussi le terrorisme est-il rarement venu à bout d'authentiques tyrannies. En revanche, il a eu raison d'un certain nombre de démocraties. Lorsque nous contemplons avec horreur, aujourd'hui, les régimes de l'Uruguay et de l'Argentine, n'oublions pas qu'il s'agit là d'anciennes démocraties « déstabilisées » par des groupes terroristes idéologiquement, sinon pratiquement, de gauche, et manipulés par Castro. Lorsque nous lisons l'histoire amère de l'insurrection franquiste de 1936, jetons un coup d'œil sur les statistiques de la violence terroriste en Espagne durant les quatre années immédiatement antérieures : les plus élevées du monde, alors.

Constatant que les attentats ne remplacent pas l'action politique rationnelle, se sachant irrémédiablement minoritaires, incapables d'entraîner les couches populaires avilies, selon eux, par la drogue libérale, les terroristes font un calcul stupide : acculer les démocraties à la répression, les pousser à la dictature, pour ensuite lancer à l'assaut de la forteresse autoritaire les masses enfin réveillées, enfin concernées, et faire ainsi « la révolution ». Ce fut d'ailleurs le calcul des communistes en Allemagne lorsqu'ils jouèrent Hitler contre les socialistes, en

1932. Malheureusement, si la première partie du plan se réalise en général à merveille, la seconde ne réussit jamais. Il n'y a aucune exception. Une fois la dictature en place, elle y reste.

Aussi les démocraties doivent-elles se défendre d'abord en *survivant,* c'est-à-dire par des moyens démocratiques seulement, tout faibles qu'ils soient. Et quel moyen plus conforme à la démocratie que d'informer l'opinion publique de la loi? Aussi est-on surpris de voir stigmatiser comme « appel à la délation de masse », par *L'Humanité,* l'invitation à la vigilance du garde des Sceaux. Le rapt est-il oui ou non, un crime? Et la non-dénonciation d'un crime est-elle, oui ou non, punie par la loi, notamment par les articles 62 et 63 du Code pénal? Les démocraties ne doivent jamais se défendre en violant leurs propres lois, certes. Mais, à en croire certains, elles ne devraient même plus se défendre en les appliquant!

7

Sciascia sur Moro

L'essai de Leonardo Sciascia [1] sur Aldo Moro et les Brigades rouges passe pour brillant, se veut brillant, et il l'est sans doute; mais Sciascia n'a pas le courage, ou peut-être pas la lucidité, d'aller au fond. Il n'explique ni le phénomène Moro ni le phénomène des Brigades rouges. Il les voit et les fait voir merveilleusement bien. Mais il ne peut pas ou ne veut pas les expliquer, parce qu'il lui faudrait constater, dans les deux cas, que la profonde misère politique dont ils relèvent est celle de l'Italie même.

Néant politique d'Aldo Moro [2], d'abord. Cet

---

11 novembre 1978.

1. *L'Affaire Moro*, Grasset.
2. Aldo Moro, né en 1916, député depuis 1946, a été, dès le début de sa carrière politique, une personnalité influente de la Démocratie chrétienne. Son rôle gagna en importance au fil des ans. Président du Conseil des divers gouvernements d'« ouverture à gauche » durant les années 60, maintes fois ministre, il fut élu président de la Démocratie chrétienne en 1976. Il poussait à une alliance entre son parti et le Parti communiste italien, dans le cadre du « compromis historique » envisagé par le chef de ce dernier, Enrico Berlinguer. Aldo Moro devait normalement être élu président de la République à la fin de 1978, en remplace-

homme qui passait pour habile, pour subtil ne fut qu'un dessinateur de vaines arabesques politiques. Jamais il ne saisit ni ne tenta de saisir les causes réelles et les perspectives lointaines de l'Histoire de notre temps, de l'Histoire de son propre pays, de sa lugubre désagrégation. D'une incollable ignorance en politique internationale, obstinément analphabète en économie, son unique souci était de rendre possible, puis de poursuivre, sur l'échiquier de la politique intérieure italienne, entre les états-majors de la Démocratie chrétienne et du Parti communiste italien, une éternelle partie nulle.

Misère politique des Brigades rouges, ensuite. La cohorte pseudo-révolutionnaire remplit avec du sang le creux de sa rhétorique. C'est vrai au Cambodge, c'est vrai pour la bande à Baader, c'est vrai des voyeurs du terrorisme, qui les soutiennent par la plume. C'est vrai des Brigades rouges. La misère intellectuelle s'étale dans les communiqués de ces dernières, dans leur littérature parodique de pauvres automates. Elle ressasse en circuit fermé une langue au sens depuis longtemps oublié, mais capable encore d'ordonner aux mains un seul geste indéfiniment répété : assassiner. Quel plus sinistre destin que d'en être réduit à tuer parce que l'on ne peut pas convaincre? Que ce destin soit celui de Hitler, de Staline, de Pol Pot ou d'un terroriste isolé, il exprime foncièrement l'échec absolu.

Vide politique de l'Italie elle-même, enfin. Les

---

ment de Giovanni Leone, lorsqu'il fut enlevé (16 mars 1978) puis retrouvé assassiné dans le coffre d'une voiture (9 mai) après que son parti eut refusé de négocier avec les terroristes (1987).

hypocrisies conjuguées de la Démocratie chrétienne et du Parti communiste ont abouti à interdire de nommer en clair les maux dont souffre la société italienne et les moyens d'y remédier. Les lettres qu'Aldo Moro, longuement citées par Sciascia, envoyait de son lieu de détention à ses amis politiques et à sa famille, reflètent pathétiquement ce vide politique, cette confusion verbeuse, cette charpie mentale.

Selon Leonardo Sciascia, Moro aurait compris, dans sa « prison du peuple », que le mal fondamental de notre époque, c'est que « la liberté est en danger ». De là, poursuit Sciascia, « son anxiété de sortir pour communiquer ce qu'il a compris ». Mieux vaut tard que jamais. Pourtant, ce que Moro en danger de mort ne semble toujours pas avoir compris, autant qu'on puisse le deviner à travers sa poignante correspondance, c'est que la liberté est mise en danger très exactement dans la mesure où la vérité l'est aussi, dans la mesure où, dans une société, le mensonge s'étend. Les Français l'ont constaté au moment de la guerre d'Algérie. Soljenitsyne nous l'a redit pour l'univers soviétique.

Or, la tragédie italienne est celle d'une société où n'existe ni proposition ni contre-proposition. La proposition démocrate-chrétienne est un mensonge, et la contre-proposition communiste est également un mensonge. De l'alliance de ces deux mensonges, comment la destruction de la liberté ne sortirait-elle pas ? Certes, le mensonge en quelque sorte technique est difficilement séparable de l'activité politique. Mais il devient dévastateur lorsque l'homme ou le parti qui l'utilise en devient prisonnier, lorsque sa pensée tout entière, sa communication avec les autres, le ressort le plus intime de sa réflexion sur les choses sont capitonnés par le mensonge, et ne peuvent plus exister que par et en lui. C'est à ce moment-là que le mensonge systématisé peut déclencher la violence.

Ainsi, comme l'écrit Sciascia, les brigadistes rouges parlent pompeusement de « leurs batailles ». Glorieuse bataille, en effet, que celle qui consiste à abattre un vieil homme dans un garage ou dans un sous-sol à l'aide d'un revolver muni d'un silencieux! Quelle écœurante capacité de transfigurer l'abjection par le verbe!

Je prends un exemple tout à fait éloigné de l'affaire Moro, et un exemple français. A propos de la faillite de la Société française de production, un député a déclaré, à l'Assemblé nationale, que cette faillite était due au fait que le gouvernement français avait asservi la production des émissions de télévision aux « intérêts privés capitalistes ». Or, c'est exactement le contraire qui est vrai. Si la S.F.P. a fait faillite, c'est qu'elle produit des émissions et des feuilletons à des prix trois ou quatre fois supérieurs à ceux du marché. La faillite de la S.F.P., c'est donc celle de l'étatisme (tout comme la faillite de Concorde), et non point celle du capitalisme concurrentiel. Mais si, demain, un exalté serviable, saisi par le bovarysme de la dynamite, pulvérise, par exemple, le ministre de la Communication, il croira sincèrement avoir lutté contre les multinationales!

La tragédie de Moro, dans sa « prison du peuple », c'est son échec à échafauder l'une de ses combinaisons artificielles, et à la « vendre » à ses amis démo-chrétiens, pour avoir la vie sauve. Dès sa première lettre, Moro expose une théorie de

« l'échange des prisonniers en temps de guerre », pour convaincre le gouvernement de l'échanger, lui, contre les treize brigadistes rouges en procès à Turin. Théorie fausse, puisqu'il s'agissait non de prisonniers appartenant à deux armées combattantes, mais de violer la loi, en temps de paix, par la libération de treize criminels de droit commun contre leur promesse de ne pas commettre un assassinat de plus. Moro ne saisit pas cela. Et le calvaire de cet homme, dont le verbe devient pour la première fois privé d'influence, c'est le cœur du livre de Sciascia. Pour la première fois : et la fois où, précisément, c'est sa vie qui est en jeu.

Dérision suprême : au vu des lettres, les dirigeants de tous les partis et les journaux décrètent et répètent à qui mieux mieux que Moro, contraint ou drogué par ses geôliers, n'est plus lui-même, qu'il a « perdu le sens de l'État », que ses écrits ne reflètent plus sa pensée. « On nous l'a changé ! » Et des supplications épistolaires du malheureux, l'Italie entière décide qu'il ne faut tenir aucun compte. Or, le président de la Démocratie chrétienne (Sciascia le souligne justement) n'avait jamais été un homme d'État. Il ne l'est ni avant ni après sa capture. Il a toujours été et il est demeuré un illusionniste verbal de la combinatoire politicienne. Le plus triste de la triste fin d'Aldo Moro, c'est peut-être que son martyre ait à ce point transcendé sa stature.

8

Vers un suicide basque

Les trois démocraties latines, dont les deux nouveau-nées, l'espagnole et la portugaise, ne se portent pas bien.

Le Portugal et l'Italie ont en commun un mal spécifique, à savoir un système politique qui ne permet pas de dégager une majorité de gouvernement. Ou, pour être plus précis, qui ne permet pas de gouverner réellement, sauf si l'un des partis politiques obtient la majorité absolue des voix dans le pays, tels les sociaux-démocrates aux dernières élections en Autriche, ce qui est rarissime et en pratique impossible avec le système électoral de la proportionnelle. Contrairement à ce que l'on imagine souvent, la Démocratie chrétienne italienne n'a eu cette majorité absolue, et donc vraiment le pouvoir, que durant cinq années depuis la guerre, de 1948 à 1953 [1]. A défaut de cette condition presque impossible à remplir, certains pays deviennent « ingouvernables », comme on dit, ce qui est d'ailleurs prendre l'effet pour la cause. L'Espagne, en revan-

4 août 1979.

1. Elle n'a eu en réalité que 48 % des suffrages.

che, possède un système permettant de gouverner démocratiquement avec efficacité, mais souffre du terrorisme, dont le Portugal est exempt. L'Italie est affectée par les deux maux à la fois : l' « ingouvernabilité » et le terrorisme.

Ce dernier fléau a d'ailleurs des motivations différentes selon les pays : les Brigades rouges italiennes s'en prennent à la société en tant que telle dans son ensemble. En Espagne, le terrorisme s'enracine surtout dans le régionalisme basque. Mais ces deux terrorismes ont des résultats et des points communs.

D'abord, l'installation pernicieuse de toute une société dans l'habitude de l'assassinat idéologique. L'accoutumance italienne est particulièrement inquiétante à cet égard. Et aussi l'accoutumance des autres pays de la Communauté européenne au terrorisme italien. La presse et les médias européens hors d'Italie ne mentionnent parfois même plus les crimes des Brigades rouges; et il a fallu que les touristes étrangers soient visés pour que la presse internationale redonne la « une » aux tueries des Basques de l'ETA. Ensuite, un point commun aux terroristes des deux pays est leur absence de dessein politique rationnel. A la lettre, on ne sait pas ce qu'ils veulent obtenir, et, du reste, quand ils l'obtiennent, ils continuent quand même à tuer.

Par exemple, l'un des arguments essentiels des terroristes basques était la présence de 13 000 policiers espagnols dans les provinces basques. « Comment, disaient-ils, pouvons-nous croiser sans frémir tel officier de police qui, sous Franco, a torturé le père, le frère, le camarade de nombre d'entre nous? » Bien. Mais, alors, pourquoi continuer à faire exploser des bombes après le statut d'autonomie basque qui vient d'être proposé par Madrid, accepté par les représentants élus des provinces basques et promis à l'épreuve du référendum populaire pour l'automne? Ce statut prévoit expressément que les policiers espagnols seront remplacés progressivement par des forces de l'ordre recrutées parmi et par les Basques. Il prévoit bien d'autres mesures, en particulier dans le domaine de la planification industrielle et agricole, mesures qui, commente très justement *The Economist*, donneront au Premier ministre basque (car il y en aura un) et au Parlement basque un pouvoir économique relativement plus réel que celui dont dispose le gouvernement portugais au Portugal.

Dès lors, on ne comprend plus ce que cherchent les terroristes de l'ETA. L'indépendance totale? Ce serait le type même du comportement suicidaire, qui provoquerait l'inévitable choc en retour de l'armée, à nouveau l'« occupation » des provinces, et une menace mortelle sur la démocratie à Madrid même. Pourquoi imposerait-on un centralisme exclusivement basque aux Navarrais, dont une bonne moitié sont hispanophones? Le fanatisme et l'impérialisme régionalistes ne sont pas plus respectables que les autres. Faut-il faire du pays basque une île? L'entourer d'une grande muraille de Chine?

L'absurdité d'un tel univers mental se voit, par exemple, dans la protestation des terroristes de l'ETA contre la police madrilène, qui aurait trop tardé, selon eux, à faire évacuer les gares et les aéroports de la capitale après l'alerte à la bombe du 29 juillet. La police serait donc la véritable responsable des morts et des blessés. Débilité ou malhonnêteté? Car, enfin, quand on se croit en droit de combattre un pouvoir par tous les moyens, on ne demande pas en même temps à ce pouvoir sa collaboration bienveillante pour limiter les dégâts. On ne compte pas sur lui pour neutraliser les effets meurtriers d'attentats voulus et organisés. L'ETA réclame le transfert au pays basque et finalement la libération de tous les prisonniers « politiques » basques (lesquels, au regard de la loi, sont des criminels de droit commun). Mais, en même temps, l'ETA refuse de promettre – et au demeurant ne *peut* pas promettre – que les prisonniers en question ne vont pas recommencer exécutions et attentats le lendemain de leur libération.

Dans le terrorisme, la difficulté est de s'arrêter. Les terroristes eux-mêmes, d'ailleurs, peuvent-ils aisément changer de genre de vie? Ce n'est pas sûr. Aussi, en vertu de ce mélange d'illogisme et d'inertie, l'ETA poursuit-elle mécaniquement, et beaucoup plus facilement d'ailleurs, sous la démocratie, l'usage des méthodes pratiquées sous la dictature. L'ennui est que ces méthodes mettent en danger l'existence de cette démocratie beaucoup plus qu'elles ne mettaient en danger celle de la dictature.

L'avenir de la démocratie espagnole ne dépend pas, en conséquence, d'une poignée de clandestins inaccessibles à toute rationalité politique. Il dépend du soutien et de l'aide, en particulier financière, que la collectivité basque tout entière décidera de prolonger ou de retirer à ces clandestins. Si elle continuait à les appuyer, dans les circonstances actuelles, après le statut d'autonomie, malgré la perspective du référendum, alors ce serait la collectivité basque elle-même qui aurait déshonoré le nationalisme basque. Verser le sang innocent, dans le contexte ibérique et européen actuel ne se justifie par rien, et ne peut conduire qu'à un suicide basque.

9

Hors la loi ?

Susceptible d'être plus ou moins tragique sur le plan humanitaire, le dénouement de la prise d'otages à l'ambassade américaine de Téhéran [1] ne pouvait, dès le départ, quoi qu'il arrivât, être pour Washington qu'une débâcle politique. Pis : le signe révélateur d'une déchéance plus prononcée encore qu'on ne l'imaginait. Car il ne s'agit pas d'un simple accident, d'une de ces malchances auxquelles les États, même les plus forts, ne peuvent totalement échapper. Cette

17 novembre 1979.

1. Le 4 novembre 1979, des « étudiants » iraniens occupent l'ambassade des États-Unis à Téhéran et prennent cent otages, dont soixante citoyens américains. Le but de Khomeyni était d'obtenir qu'on lui remît le Shah pour le « juger » et l'exécuter. Le Président Carter ne cédant pas, Khomeyni ne libéra finalement les otages que le 20 janvier 1981 à 18 h 15, *après* la passation des pouvoirs de Carter à Ronald Reagan.

Il faut souligner le contraste entre les violations des règles diplomatiques par les États terroristes (l'ambassade de France à Tripoli, par exemple, a été saccagée et détruite sur l'ordre de Kadhafi, le 7 janvier 1981, sans représailles) et l'indulgence molle dont les démocraties font preuve à l'égard de ces mêmes États, qui transforment leurs propres ambassades en centrales terroristes et dont les « diplomates » sont le plus souvent des tueurs (1987).

lugubre et ridicule affaire est bien plutôt la démonstration spectaculaire, sur un cas limite, presque sur une hypothèse d'école, du recul généralisé de l'influence américaine dans le monde, et même de la perte par l'Amérique de sa stature de première grande puissance.

Réduite à choisir, ou à ne pas choisir, entre la prudence d'une négociation incertaine, et le quitte ou double d'un commando aventureux? Dans les deux cas, l'Amérique sortait de son rôle de puissance planétaire. Qu'un minuscule État comme Israël réussisse l'opération d'Entebbe, et l'on applaudit David triomphant de Goliath. Que la République fédérale d'Allemagne fasse délivrer par des spécialistes les otages d'un avion détourné, on s'incline devant la nécessité d'une action ponctuelle, dirigée contre des terroristes, par définition hors la loi et hors du circuit diplomatique.

Mais, dans le cas particulier, les responsables d'une violation flagrante du droit international n'ont pas été des terroristes sans État, ce furent les responsables mêmes d'un État ou de ce qui en tient lieu. Or, il existe une convention, la convention de Vienne, qui définit l'immunité et l'inviolabilité couvrant, dans le monde entier, le personnel diplomatique. Cette convention n'est viable, bien évidemment, que si elle est intangible, et indépendante de toutes les préférences idéologiques et de toutes les passions politiques ou religieuses. La question est de savoir si une communauté humaine peut accréditer auprès d'une autre communauté humaine des représentants qualifiés et responsables, et si ceux-ci sont ou non à l'abri de la destruction physique. Jusqu'à présent, dans n'importe quelle circonstance, même en temps de guerre, même entre pays n'entretenant pas de relations diplomatiques et confiant cette mission à un pays tiers, aussi loin que l'on remonte dans l'Histoire, la règle de la sécurité des représentants diplomatiques avait pratiquement toujours été respectée.

Et voilà que cette règle sacrée est violée, qu'elle est violée *par un État,* à l'encontre et au détriment d'un autre État, prétendument le plus puissant du monde. Et voilà, surtout, qu'à aucun moment la communauté internationale ne s'élève contre cette violation inimaginable, pourtant réelle, de l'article XXII de la convention de Vienne. Non seulement on n'a vu aucune protestation, sinon de pure forme, aucune action, en tout cas, de l'Organisation des Nations unies, ni des alliés des États-Unis, ni d'un pays quelconque qui aurait efficacement exigé le respect du droit international, ne fût-ce que dans l'espoir d'en bénéficier un jour lui-même, mais encore on a vu des États hurler avec l'Ayatollah pour exiger que les États-Unis reculent.

Je me moque de savoir si les États-Unis ont eu raison ou tort d'accueillir le Shah, puis de refuser de l'extrader. J'ai toujours eu la plus profonde haine pour le régime de la Savak. Je constate simplement qu'à partir du moment où le personnel d'une ambassade est pris en otage et où aucun des membres de la communauté internationale ne se solidarise spontanément et totalement avec le pays qui est victime d'un tel procédé, le feu vert est donné à la suppression pure et simple de la vie diplomatique, telle qu'elle existe depuis que l'Histoire existe.

Bien plus, depuis le 12 novembre, la *Pravda,* Radio-Moscou, suivies, dès le 13, par *L'Humanité,* déclarent que les hordes sanguinaires de l'Ayatollah sont parfaitement fondées à séquestrer les représentants des États-Unis en Iran. Non seulement les médias de l'U.R.S.S. ne désapprouvent pas, mais ils encouragent.

A partir de ce précédent, aucun État ne doit donc plus se considérer comme tenu par les conventions internationales de protéger une ambassade quelconque contre des émeutiers qui, pour des raisons idéologiques variables, décideraient de la prendre d'assaut. Y compris l'ambassade d'U.R.S.S. à Paris ou l'ambassade d'Iran à Washington.

Mais l'événement capital, dans cette débâcle du droit, c'est que ce soit non le pays agresseur, mais le pays agressé qui ait été, par une sorte de consensus tacite mais d'autant plus accablant, mis hors la loi, mis au ban de la communauté internationale par ses propres alliés.

10

Kadhafi le parrain

La déclaration commune franco-allemande fait état « de la nécessité d'éviter que la confrontation Est-Ouest ne s'étende au tiers monde [1] ». Le Président et le Chancelier peuvent être entièrement rassurés : il y a longtemps que c'est fait.

S'ils l'ignoraient, Kadhafi s'est chargé de le leur apprendre. Comme répliques à l'incendie de notre ambassade à Tripoli – incendie perpétré par de pseudo- « Comités révolutionnaires » agissant évidemment sur l'ordre du colonel –, le premier communiqué de colère platonique de la France, puis la farouche « cellule de crise » du Quai d'Orsay, enfin le rappel féroce de nos diplomates semblaient une suite du film *Courage, fuyons.* Sous-titré en brejnévien, le film s'appelle « Préserver les acquis de la détente ».

Depuis la conférence de La Havane, en septembre 1979, le mouvement des non-alignés n'est plus

9 février 1980.

1. Déclaration concernant l'invasion de l'Afghanistan par l'Armée Rouge et consistant pratiquement à laisser l'U.R.S.S. libre d'agir.

qu'une imposture politique. Le combat d'arrière-garde qu'alors mena Tito contre Castro ne doit pas faire illusion : le « non-alignement » a été piraté par les prosoviétiques. Les non-alignés se divisent désormais entre une masse amorphe et une minorité terroriste qui tient la direction officielle. Le président français ne peut donc continuer impunément à faire l'éloge du non-alignement aux Indiens, de la détente aux Russes, de la fermeté aux Allemands et, demain peut-être, lors de sa visite à Helsinki, l'éloge de la finlandisation en Finlande (« Courageux petit pays qui a su préserver son indépendance, etc. », on entend d'avance l'éloge de la vassalisation!).

Le nouveau non-alignement est une machine de guerre qui compte trois centres d'opération : le Vietnam, Cuba, la Libye. L'Occident a ouvert un œil à contrecœur quand l'armée soviétique est entrée en Afghanistan. C'est oublier que l'invasion du Cambodge par l'armée soviéto-vietnamienne était politiquement comparable, puisque les deux opérations combinées accentuent la menace soviétique contre la Chine, en bons termes avec les Occidentaux. L'armée soviéto-vietnamienne est la plus puissante de l'Asie du Sud-Est, et sans doute de toute l'Asie.

Castro continue de remplir sa double mission de guérilla en Amérique latine et d'occupation en Afrique. On excuse souvent ces actions en disant qu'elles soutiennent des mouvements d'indépendance nationale. Disons plutôt qu'elles les utilisent, pour installer des régimes en général plus atroces que les anciens. Ces régimes soviéto-cubains, la France les soutient, s'ils se situent hors de sa zone d'influence. Pourquoi, par exemple, avoir appuyé le régime « progressiste » d'occupation étrangère cubaine en Angola, contre un leader authentiquement populaire, Savimbi [1]?

Il suffit de regarder une carte d'Afrique pour voir que la zone de domination cubaine et la zone de domination libyenne sont en train de se souder. Si Kadhafi avait réussi son coup en Tunisie [2] tout l'espace géopolitique compris entre l'Égypte et le Maroc aurait été dominé par des régimes prosoviétiques. On dira que Kadhafi n'est pas un satellite communiste. Que la Libye n'est pas encore gouvernée par un parti marxiste-léniniste. Peut-être pas. Mais le sud-est de la Libye est garni, maintenant, de terrains d'aviation militaires et de matériel de guerre soviétique. Pour quelles actions? Autre exemple : Kadhafi a expédié récemment des émissaires pour faire des offres de service aux... îles Tonga, au large de la Nouvelle-Zélande, au sud des îles Fidji. Ces îles n'ont qu'un seul intérêt : pouvoir servir de bases à une marine de guerre dans le Pacifique Sud. Ce n'est évidemment pas la négligeable marine libyenne qui pourrait avoir l'usage de telles bases aux antipodes. Alors? Pour qui s'entremettait Kadhafi? Le « parrain » du terrorisme international, dont on

---

1. Les troupes cubaines servent d'armée au communisme international en Afrique, notamment en Éthiopie et en Angola. Dans ce dernier pays, contrairement aux accords d'Alvor (15 janvier 1975) entre le Portugal et les trois mouvements de résistance anticoloniale, accords qui prévoyaient des élections libres à la fin de l'année, le mouvement communiste MPLA, avec l'appui de troupes cubaines dépêchées sur place, saisit le pouvoir sans que les élections puissent jamais avoir lieu. (1987).

2. Kadhafi avait proposé à Bourguiba une « union », entre la Libye et la Tunisie, qui eût été en pratique une absorption de celle-ci par celle-là. (1987).

retrouve l'argent et les agents d'Irlande aux Canaries, en passant par le pays basque, la Corse et les Brigades rouges italiennes, n'obéit pas aux vœux soviétiques. Il fait mieux : il les devine et il les devance. Et, en plus, il finance lui-même le travail!

Aucune acrobatie intellectuelle ne peut plus masquer que le non-alignement a vécu, dans le tiers monde comme ailleurs. La reconstitution des blocs n'est plus une simple option, c'est un fait acquis : et le tiers monde est en train de se faire massivement dominer par le bloc soviétique.

Aussi, quand la diplomatie française continue à célébrer le culte de la détente, elle fait penser aux socialistes continuant à chanter la messe de l'union de la gauche [1].

1. Après la rupture de l'union entre socialistes et communistes en 1977, les socialistes continuaient de se proclamer « unitaires pour deux », malgré les accusations injurieuses dont ils étaient quotidiennement victimes de la part du P.C.F. (1987).

11

Le terrorisme en démocratie

C'est l'injustice suprême du terrorisme que les régimes politiques où il est facile de s'y livrer sont ceux où il est superflu : les démocraties.

Le terrorisme y est superflu parce que les démocraties sont précisément les régimes où sont prévues des procédures d'opposition sans violence. Mais le terrorisme y est facile parce que les démocraties sont également les seuls régimes qui ne peuvent se permettre, sans se détruire, de recourir au quadrillage policier et aux méthodes expéditives seules capables de prévenir ou d'extirper le mal.

Portons au crédit des Italiens la résistance de leur démocratie à la double tentation de la dictature et du contre-terrorisme d'État – malgré dix ans et plus d'attentats sanglants. Il faut continuer à louer l'Italie de sa fidélité à la démocratie. Mais le sang-froid n'arrête pas le sang. La démocratie a survécu en Italie, certes, et c'est tant mieux, mais elle n'a pas ressuscité les victimes. Et les assassinats par les Brigades rouges ou *Prima linea* se sont poursuivis malgré certains succès récents de la lutte contre la subversion armée.

---

9 août 1980.

Des citoyens tombent parce que les Brigades rouges voient en eux les incarnations de l'« État fasciste ». Les fascistes, eux – si, comme le pensent les autorités, ce sont eux – perpétrent la tuerie de Bologne [1] au nom d'un argument exactement opposé : la faiblesse de l'État. Eux aussi se prétendent « révolutionnaires », comme tous les assassins soi-disant politiques, à notre époque, d'ailleurs. Mais, pour les victimes, la couleur politique de leurs tueurs importe peu. Le résultat est le même. Quant à l'État en question, il ne parvient pas à faire reculer durablement les organisations terroristes, que la démocratie est par définition impuissante à éliminer, puisque ces organisations doivent leur longévité et leur quasi-impunité aux libertés mêmes dont elles nient l'existence. C'est ainsi que le terrorisme peut se perpétuer depuis des années en Irlande du Nord, s'étendre en Espagne malgré ou plutôt avec le rétablissement de la démocratie, renaître de ses cendres en République fédérale d'Allemagne. Alors, que faire?

Une démocratie ne peut tout simplement pas avoir un citoyen sur cinq dans la police, fermer les frontières, restreindre la circulation des personnes à l'intérieur, déporter au besoin en partie la population d'une ville, comme on vient de le voir à Moscou,

---

1. Le 2 août 1980, une bombe puissante déposée en gare de Bologne avait fait 83 morts et plus de 200 blessés. Cet attentat est en général attribué au terrorisme « noir », c'est-à-dire d'extrême droite. Mais cela n'exclut pas l'appui d'États terroristes, à qui cette couleur politique importe peu, et dont le seul but est de déstabiliser les démocraties. Dans le cas de la République fédérale d'Allemagne, il a été démontré que tous, absolument *tous* les mouvements néo-nazis étaient téléguidés par l'Allemagne de l'Est. (Voir Xavier Raufer, *Terrorisme, violence*, Pauvert-Carrère, 1985.) (1987.)

avoir l'œil sur tous les hôtels, tous les logements, dans chaque immeuble, à chaque étage, fouiller minutieusement pendant des heures et sans aucune exception tous les voyageurs, leurs voitures et leurs bagages. Si les démocraties pouvaient se livrer à ces pratiques totalitaires, elles parviendraient rapidement à réprimer leur propre terrorisme et à intercepter les aides que celui-ci reçoit éventuellement de l'étranger. La démocratie ne peut davantage songer à tolérer le contre-terrorisme d'État qui a sévi en Argentine contre les guérilleros et leurs complices présumés, dont beaucoup étaient innocents. Elle ne saurait non plus être compatible avec le terrorisme de droit divin qui sévit actuellement en Iran; et c'est un paradoxe amer que de voir le prétendu gouvernement iranien accuser la France de complicité avec un problématique terrorisme antikhomeyniste, alors que c'est le terrorisme khomeyniste qui bénéficia de notre complicité en 1978. L'Iran pratique le terrorisme d'État en prenant des diplomates en otage, en fusillant, en torturant, en lapidant, mais lance des accusations d'atteinte aux droits de l'homme contre les États-Unis et la Grande-Bretagne, lorsque des manifestants iraniens sont interpellés dans ces pays pour vérification d'identité!

La démocratie, encore une fois, est mal armée pour se défendre contre le terrorisme, qu'il soit d'origine interne ou d'origine externe. En Italie, donc, la lutte n'est pas égale entre des tueurs masqués en militants politiques qui non seulement utilisent toutes les garanties que le système judiciaire offre légitimement aux accusés, mais menacent de mort les magistrats qui oseraient les condamner, comme les journalistes qui se permettent de les blâmer. Et ces menaces, on l'a vu souvent, ne sont pas des paroles en l'air. On en revient toujours au même point : fort heureusement, le terrorisme italien n'a pas réussi à abattre la démocratie, mais hélas ! la démocratie italienne n'a pas non plus réussi à abattre le terrorisme.

Alors, que proposer ? Les grèves, que l'on a encore vues en Italie au lendemain du forfait de Bologne, sont dérisoires. Elles vont d'ailleurs dans le sens du terrorisme, puisqu'elles pénalisent non les assassins, mais les institutions mêmes que visent ceux-ci : l'État, les services publics, les entreprises. L'exploitation politique que le Parti communiste italien s'apprête à faire de la tragédie pour attaquer la Démocratie chrétienne est malhonnête et indécente. Le P.C.I. connaît-il une méthode qui permette de lutter efficacement contre la terreur sans porter aucune atteinte aux libertés et sans constituer de police parallèle (comme jadis nos réseaux anti-O.A.S.) ? Si oui, qu'il l'indique. Sinon, qu'il indique, en revanche, les mesures d'exception qu'il serait prêt à accepter temporairement en vue d'assainir la situation. Or, il ne songe qu'à utiliser le drame pour prôner son sempiternel gouvernement d'union nationale, qui n'est qu'une combine politicienne destinée à le conduire au pouvoir, non un outil supplémentaire de lutte antiterroriste.

Le terrorisme en démocratie est dû à la démence idéologique de minorités trop peu représentatives pour acquérir un poids politique par les moyens légaux existants. Leurs crimes relèvent de la catégorie des crimes contre l'humanité, au même titre que ceux des nazis ou des Khmers rouges, et doivent être traités en conséquence. La démocratie doit se considérer comme en guerre contre le terrorisme, exactement comme elle l'a été contre le nazisme. Faute de quoi, assaillie à la fois de l'extérieur par l'impérialisme totalitaire soviétique et de l'intérieur par la dégénérescence convulsionnaire du terrorisme, la petite presqu'île démocratique appelée Europe occidentale n'a désormais qu'une espérance de vie des plus limitées.

12

Espagne-France : le sanctuaire

Imaginons qu'il existe en France une puissante organisation terroriste pour l'indépendance de l'Alsace, que ses membres perpètrent en moyenne un attentat par jour et tuent environ cent personnes par an. Imaginons que ces terroristes aient leurs bases en Allemagne, à quelques kilomètres de l'autre côté de la frontière, à Fribourg, à Stuttgart, à Baden-Baden; qu'ils s'y replient pour échapper à la police française, y séjournent, au vu et au su de tous, y entreposent des armes, y louent des appartements, y ouvrent des comptes en banque, y préparent leurs coups. Imaginons enfin que les autorités allemandes refusent d'aider le gouvernement français à se protéger du fléau, arguant qu'il s'agit d'un problème purement intérieur français. Croit-on que Paris accepterait cette dérobade, que notre gouvernement, notre Parlement, notre président, notre peuple hésiteraient à lancer contre Bonn l'accusation de complicité, de lâcheté, d'égoïsme à courte vue, d'irresponsabilité européenne?

Telle est pourtant la manière dont se comporte la

13 décembre 1980.

France à l'égard de l'Espagne en proie au terrorisme basque. Le département des Pyrénées Atlantiques sert de « sanctuaire » aux hommes d'ETA (sigle du nom, en basque, de la principale organisation terroriste), qui complotent, d'ailleurs, aussi en toute quiétude à Toulouse, à Bordeaux ou à Paris. A plusieurs reprises, les autorités espagnoles ont fourni aux nôtres la liste des terroristes ayant leurs habitudes en France, et, en particulier, il y a un an, une liste de cent vingt-sept noms, avec les signalements, les photos, les pseudonymes. Loin d'obtenir de notre gouvernement le moindre concours, les Espagnols se font au contraire dédaigneusement réprimander par lui quand, d'aventure, un règlement de comptes entre tueurs intervient sur notre sol, ce qui semble difficile à éviter lorsqu'on en accueille en aussi grand nombre.

Certes, la France est la plaque tournante notoire du terrorisme mondial. Nos voisins s'illusionnent s'ils pensent que nous allons faire pour eux ce que nous ne faisons pas pour nous, puisque, en 1978, les autorités françaises ont reconduit à Orly, avec les honneurs diplomatiques, les Irakiens qui venaient de tirer, à Paris, sur notre police, cependant appelée à la rescousse par leur propre ambassade. Malgré la mort d'un inspecteur dans cette affaire, la France continue à tolérer que plusieurs ambassades servent de dépôts d'armes et alimentent les réseaux terroristes européens. Néanmoins, dans certains cas, la France a consenti à l'extradition de complices présumés ou de membres de bandes terroristes allemandes ou italiennes, rouges ou noires. Pourquoi pas en faveur de l'Espagne, qui réclame l'extradition non pas de simples complices ou suspects, mais d'auteurs avérés d'homicides nombreux? Le terrorisme d'ETA est en effet actuellement le plus meurtrier d'Europe : cinq cents morts en cinq ans, dont cent quarante en 1980. On comprend l'amertume de Madrid.

La passivité française s'appuie sur deux catégories de raisons, les unes avouables, les autres inavouables. Les raisons avouables, celles qu'on avance officiellement, sont, je l'ai dit, qu'il s'agit d'une affaire « purement intérieure » espagnole et d'une affaire politique. Car les Basques d'ETA ont le statut et des papiers de réfugiés politiques, comme si Franco était encore au pouvoir. Le ministre français des Affaires étrangères a déclaré qu'il ne « prolongerait pas » les permis de séjour en question : il n'a pas dit qu'il les retirerait. Or, le gouvernement espagnol nie qu'il puisse s'agir de réfugiés politiques, étant donné qu'a été proclamée en Espagne une amnistie générale, en 1977, pour tous les crimes et délits d'ordre politique commis avant ou après la mort de Franco. Depuis, le régime est démocratique et respectueux de la liberté d'opinion, ce qui n'a pas empêché les assassinats de se poursuivre. A l'amnistie s'est ajouté un référendum populaire approuvant un statut d'autonomie du pays basque, en vigueur depuis 1979.

Mais ETA veut plus : elle veut une nation basque indépendante et, de surcroît, la Navarre, qui n'est nullement à majorité basque. Elle veut, en outre, que cette nation basque soit une démocratie populaire, alors que 90 % des électeurs ont voté contre le P.C. Nous nous trouvons ici, devant le cas classique d'une minorité terroriste qui cherche à imposer par la violence, au nom de la démocratie, ce que la volonté populaire lui a refusé dans les urnes. Il est donc impossible au gouvernement français de faire semblant de croire qu'il y a aujourd'hui des Basques espagnols opprimés pour délit d'opinion.

Aussi les vraies raisons françaises sont-elles, en fait, les raisons inavouables, ou du moins inavouées (car elles ne sont pas nécessairement indignes de considération). La première est la crainte de voir ETA, un des groupes terroristes les mieux entraînés et les plus habiles du monde, procéder à des représailles en France si on l'inquiète sur notre territoire. La deuxième est de voir les Basques français gagnés par un sentiment de solidarité si leurs « cousins du Sud » sont traqués parmi eux. La troisième est la peur, justifiée, de découvrir derrière ETA des protecteurs, puissants, libyens et soviétiques, et que la France ne soit happée ainsi dans une guerre des services secrets menée pour le compte de l'Espagne.

Mais cet argument même contient sa propre réfutation. Le terrorisme d'aujourd'hui est international. Quel que soit son ancrage régional, il est également un pion dans la déstabilisation poursuivie contre les démocraties d'Europe occidentale. Le but de ceux qui manipulent ETA est de pousser une Espagne exaspérée, et surtout son armée, à une sorte de « solution à la turque », de plus en plus redoutée dans la péninsule. Si les déstabilisateurs gagnaient leur pari en Espagne, alors l'Europe, avec une Italie elle-même déstabilisée en permanence, une Grande-Bretagne avec un problème terroriste aussi grave et non moins suspect, deviendrait encore un peu plus fragile.

Le calcul français risque donc d'apparaître, à l'usage, comme assez borné. Nous paierons sans doute cher, un jour, notre manque de solidarité et le système qui consiste à importer des terroristes pour expulser le terrorisme.

13

Les vrais objectifs de l'ASALA

De tous les terrorismes qui travaillent à déstabiliser l'Europe démocratique depuis une quinzaine d'années celui des Arméniens est le plus irréaliste, celui qui a le moins de rapport direct avec ses victimes et avec son objet. Les terroristes allemands et italiens s'inventèrent des motifs purement politiques : selon la phraséologie débile de ces perroquets philosophes, la R.F.A. et la République italienne voilaient des régimes en réalité dictatoriaux, qu'il convenait d'abattre par la violence révolutionnaire. Les terroristes autonomistes – basques, bretons, corses, irlandais – ajoutent une renvendication nationaliste à la thèse politique : socialisme révolutionnaire et nationalisme minoritaire se rejoignent. Quoique la revendication nationaliste possède une logique, elle ne s'en éloigne pas moins de la réalité dès lors que, comme en Irlande du Nord, les catholiques irlandais exigent l'élimination d'une population protestante largement majoritaire; ou dès lors, comme au pays basque espagnol, que les données du problème ont radicalement changé

30 juillet 1983.

depuis la mort de Franco et qu'un statut d'autonomie a été approuvé par la majorité des Basques au moyen d'un référendum démocratique. Mais du moins ces divers terrorismes s'attaquent-ils à ceux qui, selon leur idée, sont responsables de la situation dénoncée comme intolérable, cette responsabilité fût-elle fantasmagorique.

Le terrorisme arménien de l'ASALA franchit un pas de plus en direction de l'irréalité, dans ce sens qu'il frappe des pays éloignés de l'Arménie dans l'espace à propos d'un événement très reculé dans le temps. Le massacre des Arméniens en 1915 par l'Empire ottoman finissant heurte la conscience universelle comme une abomination, et c'est bien toujours ainsi que, dans mon enfance, on m'en a parlé dans mes classes d'histoire. Mais soudain faire expier par des Belges, des Anglais, des Français, des Portugais les crimes commis, voilà presque trois quarts de siècle, par la Sublime Porte, relève de la démence et ne peut conduire à aucun résultat concret. L'excuse habituelle des terroristes : « Si nous n'avions pas tué, les médias n'auraient pas fait attention à notre cause et nous n'aurions rien obtenu », constitue une sottise de plus. Les Palestiniens se trouvent dans une situation bien pire aujourd'hui que s'ils avaient accepté de négocier au lendemain de la guerre des Six Jours, en 1967. Le terrorisme irlandais a créé un bourbier pétri de sang dont aucune solution politique ne peut naître. Pourquoi l'ASALA n'opère-t-elle pas exclusivement sur le territoire turc? Tout simplement parce qu'il est beaucoup plus facile d'opérer dans les démocraties occidentales, qui sont pénétrables comme du beurre et où les terroristes ont en général toujours réussi à préparer et à exécuter en toute quiétude tout ce qu'ils ont voulu, et, sauf rarissime exception, à éviter ensuite l'arrestation. Pourquoi l'ASALA n'opère-t-elle pas accessoirement sur le territoire de l'U.R.S.S., où les Arméniens soviétiques subissent la loi totalitaire? D'abord parce que le K.G.B., contrairement aux polices démocratiques, a les moyens de prévenir toute tentative d'attentat; ensuite... parce que c'est l'Union soviétique qui est, au moins en partie, derrière l'ASALA.

Il y a encore deux ou trois ans, quiconque faisait allusion à une aide soviétique venant renforcer les terrorismes occidentaux se faisait traiter de paranoïaque. Depuis l'assassinat manqué du pape [1],

1. Le 13 mai 1981, le terroriste turc Ali Agca blesse très grièvement à coups de feu Jean-Paul II, qui bénissait la foule, debout dans une voiture découverte, place Saint-Pierre de Rome. Appartenant jadis à l'organisation « de droite » les Loups Gris, Agca n'en avait pas moins séjourné dans le meilleur hôtel de Sofia, aux frais des autorités bulgares, puis gagné l'Occident où il avait trouvé des contacts, des appuis, des moyens financiers et des armes tout à fait hors de portée de ses modestes ressources personnelles, de même que les nombreux palaces où on a retrouvé trace de son séjour. L'enquête et l'instruction en Italie, après la tentative d'assassinat, établirent qu'Agca n'avait pas agi seul, et que des officiels bulgares, en particulier le responsable de la compagnie aérienne Balkan Airlines à Rome, l'avaient vu à plusieurs reprises. Ledit responsable se trouvait d'ailleurs comme par hasard à quelques pas d'Agca lorsque celui-ci tira sur le pape. Bien que la complicité bulgare fut tenue pour plus que probable par le juge d'instruction, qui emprisonna pendant deux ans les intéressés, ceux-ci furent acquittés par une cour d'assises en 1986 faute de preuves absolument formelles. Sur ce sujet, lire Claire Sterling, *Le Temps des assassins* (Paris, Éd. Mazarine, 1984), livre que les optimistes de la terreur traitée par l'ignorance volontaire taxent de paranoïa délirante, alors qu'il s'agit d'un travail d'investigation très solide et documenté. (1987.)

depuis la découverte du réseau bulgare, de la centrale terroriste mondiale soviéto-palestino-libyenne qu'était Beyrouth, c'est brusquement devenu un lieu commun de parler, comme d'un phénomène banal, de la manipulation des terroristes par les services spéciaux de l'Est. Je dis bien « manipulation » et « aide », non pas « création », car il y a dans tout terrorisme un commencement authentique et spontané. Ce qu'apportent les services soviétiques (ou cubains pour l'Amérique latine), c'est l'organisation, le professionnalisme, l'argent, les armes, les refuges, les camps d'entraînement, l'intégration de chaque terrorisme au sein de l'Internationale terroriste, avec tout ce que cela entraîne de « services » réciproques, liant les mouvements terroristes les uns aux autres et rendant ainsi le terrorisme globalement irréversible.

L'O.L.P. a pris l'ASALA sous son aile dès 1975, à Beyrouth, ce qui constitue une indication, car l'O.L.P. n'agissait alors qu'avec le feu vert soviétique. Le Congrès mondial arménien, réuni le 24 juillet 1983 à Lausanne, a dessiné le plan suivant : « Le peuple arménien a une représentation officielle historique à Erevan, et le ministre turc des Affaires étrangères pourrait prendre contact avec son homologue de la République soviétique d'Arménie [1]. » Autrement dit, le Congrès mondial arménien considère comme légitime le « gouvernement » d'Erevan, qui procède intégralement de la machine totalitaire dépendant du Politburo de Moscou. Les porte-parole du Congrès osaient même affirmer : « Un gouvernement arménien doté d'une représentativité nationale

1. *Le Monde*, 24-25 juillet 1983.

existe en U.R.S.S. » Certes! A peu près comme un gouvernement afghan doté d'une représentativité nationale existe à Kaboul! On pourrait peut-être aller demander leur avis aux Arméniens soviétiques, mais de cela, naturellement, il n'est pas question. Et c'est au nom de ce gouvernement « légitime et représentatif » d'Erevan que l'ASALA aurait le droit d'assassiner des Anglais, des Belges, des Français, des Portugais... Comment s'étonner, après cela, que l'homme qui s'est dénoncé comme l'auteur de l'attentat d'Orly, le vrai ou faux coupable et qui se nomme (ou ne se nomme pas) Karadjian Garbidjian, soit porteur d'un passeport syrien? Rien de ce que fait un ressortissant syrien ne peut se faire sans l'accord du dictateur Assad, et rien n'est fait par Assad qui ne soit ordonné ou autorisé par Moscou.

On notera que la récente flambée du terrorisme arménien, ou à prétexte arménien, peut avoir, du point de vue de Moscou, deux objectifs politiques précis : d'abord, mettre encore davantage en difficulté la Turquie, dont le régime autoritaire (lui-même engendré par la vague terroriste gigantesque qui a ravagé ce pays en 1975 et 1981) crée des tensions avec les autres pays de l'O.T.A.N., tous démocratiques et, à juste titre, soucieux de la démocratie en Turquie aussi. Or, plus il y aura de terrorisme antiturc et moins la Turquie aura une chance de redevenir une démocratie, plus l'O.T.A.N. sera fragile et divisée. Second objectif politique : punir le président français de ses positions fermes en faveur des euromissiles. Comme l'a dit Henri Papazian, porte-parole du parti Dachnak, principale organisation de la diaspora arménienne :

« Si la France est choisie comme lieu d'attentats, cela peut signifier que l'ASALA est aujourd'hui installée en Syrie, où elle est devenue l'instrument de l'U.R.S.S. [1] » On peut envisager cette hypothèse, mais je crois qu'il faut l'étendre à toute l'Europe occidentale, comme les événements l'ont prouvé.

On ne saurait nier l'ampleur de la tragédie historique arménienne. Mais on ne saurait non plus refuser de voir que les activités de l'ASALA n'ont plus aucun rapport avec cette tragédie. L'ASALA n'est plus désormais que l'un des rouages de la vaste organisation internationale de subversion antidémocratique, dont le but est non pas de restituer l'indépendance et la liberté à l'Arménie ni à quelque autre pays que ce soit, mais de les supprimer partout.

1. *Le Point*, 25 juillet 1983.

14

Terrorisme et défense [1]

C'est un lieu commun de dire que les démocraties ne peuvent pas se défendre contre le terrorisme car elles seraient obligées, pour le prévenir, d'adopter des méthodes non démocratiques. Le risque existe, certes, et c'est pourquoi la propagande totalitaire joue sur les opinions publiques occidentales et sur leur peur d'entrer dans un régime trop policier. Le piège consiste à nous convaincre que les démocraties ne peuvent se protéger sans devenir des quasi-dictatures. C'est très habile, cela fonctionne depuis des années : mais aujourd'hui, c'est faux.

C'est faux, parce que le terrorisme qui nous vrille est désormais un terrorisme d'État. Même les terrorismes à l'ancienne, dus à des activistes ethniques ou à des extrémistes révolutionnaires, ont été depuis longtemps pris en main par des réseaux liés à des

---

9 janvier 1984.

1. Le 31 décembre 1983, vers 20 heures, une bombe explosait dans le T.G.V. Marseille-Paris et une autre en gare de Marseille. Les deux attentats, revendiqués par un « groupe de libération arabe » et probablement organisés par Carlos, firent cinq morts et une cinquantaine de blessés (1987).

États. On répondra que presque tout le monde aujourd'hui à l'Ouest en a l'intime conviction et maintes preuves, mais qu'on ne peut toujours le dénoncer de façon irréfutable. Et pour cause! Toute l'astuce consiste, de la part des centrales lointaines, à interposer des paravents et des paliers entre le point de départ et le point d'impact. Peu importe également qu'il y ait vraiment ou non une « centrale terroriste internationale ». Les historiens en décideront.

En revanche, tant que les États qui mènent la guerre terroriste – car c'est une guerre – contre les démocraties constateront que nous sommes trop timorés pour oser même dire à voix haute d'où viennent les coups, nous les inviterons à frapper plus fort et plus souvent. N'obtiennent-ils pas d'excellents résultats? Le compte à rebours du retrait de la Force multinationale du Liban n'a-t-il pas commencé?

La liste des États qui mènent en première ligne la guerre terroriste est bien connue : Iran, Irak, Yémen du Sud, Libye, Syrie, Cuba, Corée du Nord. Certains de ces pays, bien sûr, ne jouissent pas d'une autonomie terroriste complète, et ne peuvent agir qu'avec le feu vert ou sur l'ordre d'un pays qui se tient à l'arrière-plan d'eux tous, l'U.R.S.S. Dans bien des cas, les démocraties feront donc mieux de s'adresser au « Grand Frère » qu'à ses petits amis.

L'action policière n'aura de sens que par rapport à une nouvelle vision politique. Elle est plus facile en France qu'elle ne l'a été en Italie ou en Allemagne, puisque la majorité des agents terroristes en France viennent du dehors, et peuvent être plus aisément identifiés. Jusqu'à présent, nous laissons entrer ces terroristes parce qu'ils sont porteurs de faux passeports délivrés par des autorités avec lesquelles nous ne voulons pas nous brouiller. La vraie cause de notre inefficacité policière doit donc bien être recherchée dans notre indécision politique.

Or il est probable que la résolution de faire pénétrer le terrorisme en France a été prise par certains États dans le cadre d'un calcul rationnel et opérationnel. Nous ne pouvons plus répondre à ce calcul comme si nous n'avions affaire qu'à une suite malheureuse d'accidents sans liens entre eux. La prochaine cible du terrorisme international pourrait bien être les États-Unis. Elle est, de toute façon, partout, actuellement, la démocratie. Et, là encore, comment les citoyens, dans les démocraties modernes, ne seraient-ils pas exaspérés par le contraste entre le poids de l'État sur la société et son impuissance à la protéger? Les terroristes de masse savent bien que l'on entre dans un pays démocratique comme dans un moulin et qu'on en ressort comme d'un cinéma.

Aussi est-il grand temps que les démocraties, dans cette lutte, unissent davantage leurs efforts. Chacune a tendance à ne prendre au sérieux que son propre terrorisme et à trouver plutôt folklorique, sinon même sympathique, celui des autres. Les médias français n'appellent-ils pas « réfugiés » les tueurs basques espagnols opérant à partir du territoire français? La France n'héberge-t-elle pas, au vu et au su de tous, un terroriste en fuite, Toni Negri, ancien chef d'une organisation, « Autonomie ouvrière », reconnue par la justice italienne coupable de plusieurs dizaines de meurtres [1]?

Le terrorisme aujourd'hui constitue une agression étrangère contre les démocraties. Il s'agit non plus d'un danger intérieur, mais d'une menace extérieure. Les mesures à prendre ne sont plus du tout des mesures de répression : ce sont des mesures de défense.

1. Voir Toni Negri : *L'Italie rouge et noire*, Paris, Hachette, 1985.

Rentré en Italie en 1987, en réclamant le bénéfice d'une nouvelle loi, plus indulgente pour les terroristes cachés, Toni Negri a vu sa peine réduite. Bien qu'il ait été inculpé, à un moment donné, de 17 homicides, sa participation directe n'a jamais été prouvée. Mais son rôle dans « Autonomie ouvrière » est certain, comme son soutien au terrorisme (1987).

15

Pour un antiterrorisme international

Le terrorisme figure depuis une décennie au premier rang des agents de tension et d'insécurité dans le monde occidental. Le harcèlement, l'intermittence, l'ubiquité, l'inattendu font sa force et laissent désemparées les nations qu'il frappe. Entre un meurtre à Bilbao, une guérilla au Pérou, une bombe dans un train en France, une ambassade à Londres d'où l'on tire sur les passants, un avion piraté à Francfort, le minage de la mer Rouge, quel lien trouver? Gouvernements et opinions, débordés par cet agresseur insaisissable, préfèrent souvent l'accoutumance oublieuse au souci de la lucidité. Nous avons trop différé le moment de regarder en face la réalité du système terroriste. En quoi consiste-t-elle?

Le terrorisme moderne possède trois caractéristiques : il vise avant tout les démocraties; c'est un terrorisme international; c'est un terrorisme d'État. Ces trois définitions appellent une question et une conclusion si possible pratique. La question : pourquoi les nations victimes du nouveau terrorisme

---

3 septembre 1984.

ont-elles tant tardé à en comprendre la nature? La conclusion : une menace internationale exige une dissuasion également internationale.

Selon une idéologie classique, le terrorisme et la guérilla constituaient l'ultime, et de ce fait légitime, recours des « combattants de la liberté » contre les dictatures, des résistants contre les occupants. Seuls deviendraient terroristes les opprimés, dépourvus de tout moyen pacifique de défendre leurs droits. Or cette idéologie n'explique plus le terrorisme actuel. Car si notre monde offre, hélas!, le spectacle d'une majorité de peuples asservis, ce n'est pas le plus souvent chez eux que sévit la violence terroriste.

Le terrorisme nouveau, tel qu'il s'est développé depuis 1970 environ, a frappé de façon prédominante les démocraties, c'est-à-dire précisément les quelques pays où le système politique devrait rendre superflu le recours à la violence. Cet illogisme nous est familier dans les cas anciens et bien connus de l'Italie et de la R.F.A. ou de l'Espagne après Franco. En outre, depuis 1980, la terreur a brusquement poussé les feux en France et, plus récemment, au Portugal. Quand on regarde une carte des attentats commis depuis 1970, on constate que l'Europe occidentale compte la plus grande densité de points noirs.

Cette offensive de la terreur contre un ensemble de pays qui, comparé au reste de la planète, jouit d'un des plus hauts degrés de justice sociale et de liberté politique ne représente-t-elle pas une anomalie intrigante? Elle est encore plus suspecte dans les régions de démocratie fragile, et donc facile à briser par la violence. En Amérique latine, une concomitance curieuse se répète avec la ponctualité d'une loi de la nature : chaque fois qu'un pays est, devient ou redevient démocratique, le terrorisme y fait son apparition! On l'a vu au Venezuela dès le rétablissement du suffrage universel après 1960. On le voit en Colombie, où les Européens oublient, quand ils s'attendrissent sur la guérilla, que ce pays a depuis trente ans des élections régulières, une alternance au pouvoir, une presse libre, des partis politiques, des syndicats puissants. Peut-être ne sont-ils point parfaits : où le sont-ils? En tout cas, ces instruments démocratiques récusent l'explication du terrorisme comme réaction à la dictature.

A cet égard, l'exemple péruvien confine à l'œuvre d'art. On sait qu'une organisation clandestine nommée « Sentier lumineux » a vu le jour au Pérou vers 1965. Cette association subversive s'abstint de tout acte violent durant les onze années d'une dictature militaire grâce à laquelle, à partir de 1968, des généraux prétendument progressistes firent dégringoler le produit national de 60 % et firent passer le peuple de la pauvreté à la misère. Devant cet échec, le processus de restauration de la démocratie s'amorce à la fin de 1979. La première élection présidentielle libre depuis 1963 est fixée au 19 mai 1980. La première action armée de « Sentier lumineux » – c'est presque trop beau – se produit le 18 mai 1980. Le lendemain, les Péruviens élisent le centriste Fernando Belaunde. Aujourd'hui, après quatre ans d'un cauchemar continu de forfaits sanglants, l'inévitable vient d'arriver : Belaunde, impuissant à combattre la terreur par les voies ordinaires, vient de confier cette tâche à l'armée. Extrémité dangereuse : il n'est pas à exclure que les grandes consciences, aujourd'hui bien taciturnes, aient prochainement une nouvelle dictature militaire en Amérique latine à dénoncer.

J'ajouterai à cette liste instructive, quoique incomplète, le cas démonstratif du Liban, seule et unique démocratie du monde arabe qui a fini par s'écrouler à force de servir d'état-major, de dépôt d'armes, de centre d'instruction et de tour de contrôle au terrorisme international.

Car le terrorisme contemporain est bien international, y compris dans les cas où il découlait d'abord à l'origine d'un conflit local. Les Basques de l'ETA ont leurs arrières en Libye, au Proche-Orient, en Iran, à Cuba, au Nicaragua. A charge de revanche : le prétendu « journaliste danois » qui a, pour le compte de Managua, tenté d'assassiner récemment au Honduras le chef anti-sandiniste Eden Pastora et a réussi à tuer plusieurs des correspondants qui assistaient à la conférence de presse était un Basque. Le chef du commando qui a raté son attentat contre Chapour Bakhtiar pour le compte de Khomeyni en 1980 à Paris, mais réussi à tuer sa voisine, était un Palestinien porteur d'un passeport libanais. Le meneur de l'ASALA interpellé après le carnage d'Orly arborait un nom fort peu arménien et un passeport parfaitement syrien. Interpol croit savoir qu'un des tueurs qui ont courageusement mitraillé clients et personnel au restaurant Goldenberg, rue des Rosiers, à Paris, en 1982, est le même homme qui, ensuite, a abattu le modéré Palestinien Issam Sartaoui au Portugal, en plein congrès de l'Internationale socialiste, au mois d'avril 1983. Le groupe terroriste portugais FP 25 (Force populaire du 25 avril) reçoit l'aide de l'ETA. Le réseau Noraid, dont le centre est aux États-Unis, ravitaille en armes et en argent les terroristes irlandais. Action directe, en France – des perquisitions récentes l'ont prouvé – reçoit, elle aussi, des moyens d'action de l'étranger. Cette réciprocité des services rendus est ancienne.

Ce sont des Japonais du groupe Armée rouge qui en 1972 avaient perpétré la tuerie de Lod à Tel-Aviv. C'est le Vénézuélien « Carlos », au nom du groupe O.L.A.A. (Organisation Lutte Armée Arabe), qui a signé les attentats du 31 décembre 1983, gare Saint-Charles à Marseille et dans le T.G.V. On voit apparaître souvent des sigles inconnus, destinés à brouiller les pistes. Il est de bon ton de railler les obsédés du « chef d'orchestre clandestin ». Quoiqu'il y en ait à coup sûr plus d'un seul, pour nous cela revient au même. Les réseaux multiples et parfois divisés n'en ont pas moins atteint un degré de coordination qui constitue l'équivalent d'une organisation multinationale cohérente.

Cette cohérence, cette longévité, cette capacité de reconstituer sans cesse les effectifs et les ressources seraient incompréhensibles sans l'appui d'États. Les gouvernements occidentaux commencent à bien connaître les États terroristes : Libye, Iran, Irak, Syrie. Et, d'autre part, des États communistes servent de relais à l'U.R.S.S. : Bulgarie, Tchécoslovaquie. R.D.A., Cuba, Yémen du Sud, sans préjuger de l'aide que les services soviétiques fournissent directement aux divers réseaux de la terreur. Quoique ces responsabilités soient difficiles à établir, ces connexions étant par nature bien cachées, la difficulté ne consiste plus, après tant d'années, à en réunir les preuves : elle consiste à les faire prendre au sérieux.

Pourquoi? De la part des gouvernements démocratiques, le refus craintif d'identifier les vrais instigateurs émane d'un embarras des plus pratiques. Supposons qu'on ne puisse plus se dérober à la conclusion que les services bulgares, donc le K.G.B., sont effectivement derrière la tentative d'assassinat du pape. Alors, que faire? L'énormité des mesures à prendre peut dissuader d'ouvrir les yeux. C'est le choix qui fut fait, à maintes reprises, pour des actes moins spectaculaires, en 1970, 1972, 1975, chaque fois que des services de l'Est furent pris en flagrant délit de « stimulation » du terrorisme à l'Ouest [1]. Le moins qu'on puisse dire est que cette feinte ignorance n'a guère incité à la modération les États terroristes.

L'indulgence des médias et des opinions publiques a des causes plus complexes : préjugé favorable aux terroristes, assimilés à des résistants; sympathie des intellectuels marxistes pour la violence anticapitaliste; oubli de l'histoire. Les Tupamaros uruguayens passent pour avoir lutté contre une dictature, alors que ce sont eux qui l'ont amenée au pouvoir à force de saboter leur démocratie! Pour certains, l'histoire turque débute avec le pouvoir militaire en septembre 1980. A-t-on oublié les milliers d'attentats, jusqu'à vingt tués par jour, qui pendant dix ans ont rongé la démocratie en Turquie? Se demande-t-on à l'instigation de qui? Pourquoi la R.F.A. refusa-t-elle toujours d'extrader les terroristes turcs présents chez elle, du temps même où le social-démocrate Bulent Ecevit était Premier ministre et aussi bien élu que

1. Voir tous les éléments, notamment dans *Annual of Power and Conflict* depuis l'année 1972. Publication annuelle, Londres, Institute for the Study of Conflict.

Helmut Schmidt? Sait-on que « Sentier lumineux » au Pérou a massacré en quatre ans quelque trois mille paysans, qui refusaient de « servir la révolution »? Que la guérilla salvadorienne, très minoritaire, comme l'ont prouvé les élections, en fait autant et n'a rien à envier sur ce point aux Escadrons de la mort?

Nous nous égarons quand nous accordons le moindre respect aux minorités violentes qui, en démocratie, tuent parce qu'elles ne peuvent convaincre, faute de réunir assez d'adeptes pour triompher dans les urnes. Quelle espèce de héros sont donc les lâches de la soi-disant « guérilla urbaine », qui assassinent sans risque des innocents avec des armes fournies par des dictatures étrangères? La police anglaise a été clouée au pilori des médias pour avoir tué en août un jeune manifestant irlandais. A juste titre. Mais combien de meurtres avait provoqués l'agent étranger de Noraid que la police recherchait?

Le terrorisme international d'État appelle une réponse elle-même internationale de la part des États qu'il menace. On l'a maintenant compris : le 9 juin, à Londres, sept démocraties industrielles réunies en sommet économique ont adopté un texte prévoyant la coordination de la lutte antiterroriste. Reste à savoir quelle application pratique on compte donner à ce programme. Si elle ne consiste qu'à pourchasser les exécutants, elle risque d'être perpétuellement à recommencer. Les démocraties doivent signifier aux pays agresseurs qu'elles ne sont plus dupes et les tiennent pour responsables. L'art des puissances totalitaires a consisté à inventer des formes de guerre qui ne portent pas ce nom : le terrorisme est l'une d'elles. La lutte antiterroriste doit, pour devenir efficace, être envisagée non plus comme une simple question de police et de maintien de l'ordre, mais bien comme une question de défense.

16

Terrorisme, mode d'emploi

Peut-on anticiper la menace terroriste? Oui, affirme Xavier Raufer [1]. Il l'a d'ailleurs prouvé dans un livre précédent, *Terrorisme : maintenant la France?* (Garnier), paru en 1982, juste avant la grande vague d'actes terroristes qui allait déferler sur notre pays. Il est vrai que les autorités françaises n'utilisent guère ces possibilités d'analyse préventive. Quadriller pendant quelques jours un quartier où vient de se produire un attentat paraît symbolique et dérisoire.

Pour combattre avec succès le terrorisme, il faut d'abord étudier la genèse, l'idéologie et la psychologie de chaque groupe. C'est ce que fait, avec une minutie scientifique, Raufer. En gros, il existe en Occident deux matrices du terrorisme : celle des indépendantistes et celle des révolutionnaires. Les premiers, comme leur nom l'indique, puisent leurs mobiles dans une revendication régionale. Les seconds sont animés par l'idéologie pure. Ce sont

---

18 février 1985.

1. *Terrorisme, violence,* J.-J. Pauvert-Carrère.

les « Organisations communistes combattantes », dont le jargon « théorique » vient tout droit du marxisme-léninisme. Ce sont les Brigades rouges, la Fraction Armée rouge allemande, les Grapo espagnols, les Cellules communistes combattantes belges (C.C.C.), le mouvement FP 25 portugais, Action directe en France.

Les deux courants finissent souvent par coopérer dans l'action, mais aussi les indépendantistes adoptent presque tous l'idéologie socialiste des révolutionnaires. Quand on parcourt la littérature de l'ETA, on y voit la composante basque se marier à la logomachie « anti-impérialiste » et « anticapitaliste ». La phraséologie du F.L.N.K.S. a la même résonance.

Quel est le degré d'internationalisation du terrorisme? Dans quelle mesure des États l'utilisent-ils contre d'autres États? Si Raufer a raison de refuser l'idée trop simple d'une direction unique du terrorisme, il n'en convient pas moins qu'aucun groupe terroriste ne peut survivre longtemps sans des appuis étrangers. Il note que les tueurs d'Action directe « ont bénéficié d'un massif transfert de technologies de la part de Communistes combattants italiens réfugiés en France, ceux-là mêmes qui avaient juré de ne pas faire de politique dans leur pays d'accueil ». Tout groupe terroriste a besoin d'armes, d'argent, de camps d'entraînement, d'instructeurs, de zones de repli, de faux papiers. Sinon il s'épuise vite. Même sans plan systématique initial, les services étrangers manipulateurs arrivent en quelques années à une coordination. Les événements récents n'auraient pas été possibles autrement. Un assassinat comme celui de l'ingénieur général Audran[1] exige : 1. un état-major opérationnel hors du pays mais à proximité; 2. une équipe de surveillance et de repérage de la cible; 3. une équipe action, distincte de la première, qui entrera dans le pays en ordre dispersé et en repartira aussitôt après le coup; 4. une équipe logistique sur place, qui fournit à l'équipe action ses armes, ses véhicules, ses logements et les faux passeports, différents pour la sortie de ceux utilisés pour l'entrée.

Ces préparatifs minutieux et cette réalisation de haute précision ne sont pas à la portée d'une bande de loubards, même en délire idéologique. Rendons-nous à cette évidence que le terrorisme actuel est *une forme de guerre.* Les assassinats d'Audran et d'Ernst Zimmermann s'insèrent dans une série d'actes qui, ces derniers temps, frappent des hommes et des installations appartenant au système de défense européen, en Grèce, en Allemagne, en Belgique, au Portugal. Quant à la France, le « message » serait de punir Mitterrand pour sa prise de position en faveur des euromissiles.

Bien sûr, la violence terroriste est aussi une

1. René Audran, ingénieur général, directeur au ministère de la Défense, avait été assassiné par Action directe le 25 janvier 1985. Quelques jours auparavant, le 7 janvier, la Fraction Armée rouge avait assassiné en Allemagne, Ernst Zimmermann, industriel de l'armement. Ces assassinats s'inscrivent dans une vague d'attentats contre les installations de l'O.T.A.N. dans toute l'Europe, y compris l'Espagne. Contrairement aux interprétations qui font de ces terroristes des sortes de non-alignés, les manifestes et revendications qui accompagnent ces attentats affichent une idéologie entièrement prosoviétique : les seules forces militaires présentées comme menaçant la paix et l'amitié entre les peuples étant les forces du Pacte Atlantique (1987).

forme idéologisée de la délinquance banale, traduisant la haine d'une société jugée globalement criminelle. Il ne faut jamais écarter l'explication par le malaise social. Mais comment pourrait-elle rendre compte du paradoxe que c'est dans les sociétés les moins invivables que se commettent le plus d'actes terroristes? Depuis quinze ans, c'est en Europe occidentale que se sont perpétrés les *deux tiers* des actions de nature terroriste recensées à l'échelle planétaire! Bizarre...

17

Les démocraties victimes d'elles-mêmes

Le terrorisme qui bouleverse l'Europe depuis une vingtaine d'années est un *terrorisme international d'État* qui frappe avant tout les démocraties. Certes, les mouvements qui le composent ont commencé par agir sans lien les uns avec les autres, pour des motifs très divers, et, au point de départ du moins, sans inspiration ni aide extérieure. Mais ils sont aujourd'hui coordonnés, se rendent des services, se prêtent des hommes, partagent des camps d'entraînement. Nous savons aussi et nous aurions dû prendre en considération plus tôt qu'ils ont derrière eux des États qui les financent, les arment, les abritent quand il faut, leur fournissent de faux papiers et leur commandent des opérations. La liste de ces États est bien connue : la Libye, la Syrie, l'Iran, Cuba, plus récemment le Nicaragua, naguère l'Irak (provisoirement absorbé par sa guerre avec l'Iran), la Corée du Nord, la Bulgarie, plus discrètement la Tchécoslovaquie. Quant à l'U.R.S.S., assez habile pour éviter de se compromettre au grand jour, elle n'est pas précisément en

13 janvier 1986.

mauvais termes avec les pays terroristes que je viens d'énumérer, exception faite de l'Iran, qu'elle ménage d'ailleurs avec une patience angélique.

Il faut donc procéder à l'identification correcte de ce terrorisme moderne si on veut parvenir à le contrecarrer. La première réalité à voir est que nous avons affaire à une forme de guerre menée par certains États contre d'autres États, les nôtres. Car les cibles visées sont au premier chef les démocraties occidentales. Elles sont désignées par les animateurs du terrorisme dans leur idiome cosmopolite comme « le camp impérialiste ». L'immense majorité des actes violents commis dans le monde depuis dix ans l'ont été en Europe occidentale et dans les pays d'Amérique latine lorsque ceux-ci sont démocratiques ou cherchent à le devenir. Même si les mouvements terroristes sont nés spontanément, leur inspiration et leurs objectifs actuels n'ont plus rien de commun avec ceux de leurs origines. Ils se sont insérés dans un ensemble hors duquel ils n'auraient plus les moyens de se perpétuer. Même quand ils conservent une relative autonomie, elle ne dépasse guère les limites de « l'indépendance dans l'interdépendance ».

Un second caractère distinctif du terrorisme contemporain l'oppose aux mouvements de résistance et de guérilla, auxquels on l'assimile trop souvent. Les vrais « résistants » s'en prennent à leur ennemi même, à savoir une armée d'occupation, la police d'un régime despotique. Ce sont des faibles qui s'attaquent à plus forts qu'eux, à plus nombreux, à mieux armés. Il a fallu toute la pauvreté intellectuelle propre aux théories « révolutionnaires » de basse époque pour forger l'expression de « guérilla urbaine » afin de désigner l'assassinat sans risque, dans des pays sans protection, de victimes sans défense et d'innocents sans responsabilité aucune dans les griefs invoqués par les criminels. N'insultons pas des francs-tireurs, guérilleros, maquisards de tous les temps et du nôtre, qui sont morts et qui meurent toujours en se battant à mains nues ou presque pour la liberté contre d'énormes machines militaires, ou contre les implacables polices totalitaires. Ne leur comparons pas les tueurs drogués que leurs maîtres, eux-mêmes des dictateurs, envoient chez les démocrates massacrer, dans les grands magasins, les aéroports, les restaurants, les gares, les trains, les écoles, les lieux de culte, des civils sans la moindre connexion, ni géographique ni politique, avec la cause que ces exécuteurs et leurs maîtres prétendent défendre. Leur cause, quand il y en a une de compréhensible, se trouve au demeurant beaucoup plus desservie que servie par ces crimes. On est donc fondé à conclure que le véritable objectif des attentats est non pas, dans le cas des Palestiniens par exemple, de résoudre le problème palestinien, mais de plonger dans le chaos les pays frappés.

Cette méthode constitue la généralisation du système des otages, ainsi étendue de façon virtuelle mais permanente à l'ensemble des populations des pays démocratiques. Le système des otages, détournements d'avions, de bateaux, enlèvements de personnes, on en sait le principe : capturer des innocents pour proposer ensuite de les échanger contre des assassins ou contre des concessions politiques. Accepter, c'est s'affaiblir gravement; refuser, c'est envoyer les otages à la mort. Mais a-t-on réfléchi qu'au-delà de ces cas ponctuels nos populations se trouvent à chaque instant exposées aux coups du terrorisme international? Jusqu'à présent, il peut agir chez nous à peu près comme il veut, quand il veut, où il veut.

Les terroristes ne se privent d'ailleurs pas de nous le faire savoir, puisqu'ils laissent fréquemment prévoir leurs opérations destinées à venger tel ou tel affront que nous leur aurions fait subir, par exemple en ne relâchant pas un de leurs sicaires après un forfait. Les habitants d'Europe occidentale, entre deux attentats, vivent donc bien dans la situation de ces otages d'avions détournés, susceptibles d'être abattus toutes les heures tant que les revendications des terroristes restent insatisfaites. De la même manière, nos maîtres chanteurs nous signifient que n'importe lequel d'entre nous peut succomber à leurs coups à n'importe quel instant, sur n'importe quel point de nos territoires, où, on le sait, presque n'importe qui peut pénétrer en y trouvant dans n'importe quelle ambassade toutes les armes souhaitables, transportées préalablement par valise « diplomatique ». Et d'ailleurs, cet abus répété de l'immunité du même nom devrait nous dispenser de continuer à la respecter quand les complices et organisateurs des assassinats la violent si outrageusement.

De cette forme de guerre les gouvernants occidentaux n'ont, depuis quinze ans, pas compris ou pas voulu comprendre la *nouveauté.* Les uns ont simplement cherché à se ménager la bienveillance des terroristes en leur fournissant un sanctuaire. Les autres sont allés jusqu'à excuser la terreur, tels l'ancien chancelier autrichien Bruno Kreisky ou le chef du gouvernement italien Bettino Craxi, récompensés de leur « lucidité »... par les carnages de Vienne et de Rome [1]. La plupart ont fait semblant de ne pas voir, derrière les bombes et les mitraillettes, les États parrains, de peur d'avoir à leur tenir tête, en particulier au plus puissant de tous.

S'il faut souffrir de paranoïa pour croire discerner une certaine logique organisatrice dans les progrès du terrorisme international d'État, nos gouvernants jouissent alors d'une santé mentale éclatante. Quant aux esprits soupçonneux, ils pourront nourrir leur hantise du complot en se rappelant que, dès les années 60 et encore plus par la suite, des Palestiniens ont opéré en Uruguay et en France, des Japonais en Israël et aux Pays-Bas, des Allemands en Suède et en Ouganda. Il leur reviendra peut-être aussi que l'officier « traitant » de Carlos à Paris, en 1975, était un « diplomate » cubain ou que l'un des auteurs arrêtés de l'attentat de l'ASALA en juillet 1983, qui fit tant de morts à Orly, était porteur d'un passeport syrien. Des Basques de l'ETA secondent le pouvoir sandiniste au Nicaragua, et c'est d'armes fournies par le Nicaragua que se sont servis les terroristes colombiens dans l'attaque du palais de justice de Bogota, en novembre 1985. Kadhafi s'est donné les gants de se vanter, au cours d'un voyage officiel en Espagne, de ravitailler l'ETA basque! Or, remarquons que le motif antisioniste ne joue même pas ici, puisque l'Espagne n'a jamais reconnu Israël. Abou

1. En décembre 1985, des bombes explosèrent dans les aéroports de Rome et de Vienne, tuant et blessant de nombreux voyageurs (1987).

Nidal, quant à lui, après avoir longtemps travaillé pour l'Irak, œuvre désormais pour la Syrie, tout en ayant son quartier général en Libye.

La Libye, après les avoir, dans un premier temps, acclamés, s'est mise à nier toute participation aux attentats de Rome et de Vienne. L'Union soviétique, par la voix du journal de son armée, *L'Étoile rouge* (4 janvier 1986), accusait en même temps à la face du monde les États-Unis et Israël de préparer une agression contre Tripoli. La Syrie lui emboîtait le pas. Voilà comment les agressés se retrouvent convertis en agresseurs potentiels! Peut-on soutenir qu'il n'y a aucune connivence, quand on sait que la Libye a été tansformée par Moscou en un colossal arsenal, qui ne cesse de s'accroître, fusées incluses? Et quand elle a pour l'assister, à demeure, sept à neuf mille conseillers militaires soviétiques?

Aussi Kadhafi se sent-il assez soutenu pour menacer d'« embraser toute la Méditerranée, le Proche-Orient et sans doute le monde entier » si on cherche à l'empêcher de vaquer tranquillement à ses occupations. Aussitôt, en Grande-Bretagne, des gémissements retentissent, adjurant Reagan et Peres de « ne pas attaquer Kadhafi pour ne pas nuire au processus de paix au Moyen-Orient », processus dont il est sans doute notoire que le cher colonel serait depuis toujours l'un des plus dévoués zélateurs. Sa chute porterait de toute évidence un coup fatal à la paix dans le monde. Reagan se replie-t-il sur l'idée de sanctions économiques? Aussitôt, l'Allemagne s'empresse d'annoncer qu'elle ne les appliquera pas. Rome dit qu'elle les appliquerait bien si c'était un moyen efficace de lutter contre le terrorisme, mais comme ce n'est pas le cas... Une fois écartés les moyens économiques et les moyens militaires, restent les pressions diplomatiques. Mais les démocraties sont plus entraînées à les subir qu'à les exercer.

La lutte contre le terrorisme d'État ne serait possible que grâce à une coordination internationale, et à une coordination non pas simplement policière, mais politique. Le seul énoncé de cette condition montre qu'elle n'est pas à portée de la main. En effet, dès qu'une difficulté ou un défi graves surgissent, les démocraties y réagissent beaucoup plus en marquant leurs désaccords, voire en réglant leurs comptes entre elles, qu'en s'unissant pour repousser le danger. Les États terroristes ne l'ignorent pas et peuvent donc escompter un double bénéfice : frapper les pays démocratiques et créer entre eux, par là, non l'unanimité mais une discorde accrue. Quand je parle de l'unanimité, absente autant qu'indispensable, je parle naturellement d'unanimité politique, d'unanimité dans l'action, et non de l'unanimité verbale dans la « réprobation formelle » et autres « condamnations sans équivoques », qui ne sont que les glapissements de l'impuissance.

Entre les folies guerrières et la résignation existe la diplomatie active. Elle consisterait à faire comprendre énergiquement aux États concernés, et avant tout à l'U.R.S.S., que nous ne croyons pas un mot de leurs dénégations et que tous les domaines dans lesquels ils escomptent des ouvertures de notre part seront gelés tant qu'ils n'auront pas cessé d'aider le terrorisme. Mettons-nous à leur place : jusqu'à présent, le terrorisme international d'État nous a porté de terribles coups : humains, moraux, politiques, et il ne leur a jamais valu de réplique ou de revers dommageables. Il leur a énormément rapporté (par exemple, le départ des forces d'interposition américaine et française du Liban sans même avoir à combattre). Et il ne leur a quasiment rien coûté. Pourquoi ne continueraient-ils pas à l'employer?

18

États terroristes : l'aboulie européenne

Les Européens condamnent toute intervention militaire américaine contre un État terroriste au nom de leur « solution » à eux, qui serait meilleure, une solution, disent-ils, purement policière, diplomatique et politique. Quels résultats cette méthode a-t-elle donnés depuis dix ans dans la lutte contre le terrorisme international d'État?

Même après les tueries des aéroports de Rome et de Vienne, en décembre 1985, le gouvernement français refusait encore de s'associer à une coordination internationale de la défense antiterroriste. L'Allemagne et l'Italie s'empressaient pour leur part d'écarter toute idée de sanctions économiques, arguant qu'elles étaient inefficaces. Comment peut-on savoir qu'elles le sont, puisqu'on n'y a jamais effectivement recouru? Quant à la voie diplomatique et politique, où nous a-t-elle conduits? Que nous a rapporté la visite officielle du président français au président syrien, plus redoutable et discrètement implacable organisateur du

---

5 mai 1986.

terrorisme international que Kadhafi, dont l'exhibitionnisme détourne un peu trop de Damas les regards [1]?

Quels bénéfices a tirés le gouvernement italien de ses professions de foi pro-arabes, dans les jours qui suivirent le détournement de l'*Achille Lauro* [2]? Depuis des années, nos attitudes conciliantes, notre désir de fermer les yeux, notre refus d'exercer des représailles contre les États responsables n'ont fait qu'entraîner un foisonnement des attentats en Europe et l'élimination presque complète de la présence occidentale au Liban.

Il y a beaucoup plus grave : nous nous sommes laissés glisser dans une tactique de la résignation où les gouvernements européens semblent penser qu'il en coûte moins cher d'accepter une certaine dose de terrorisme que de passer à la contre-attaque. Nous nous bornons à parer les coups quand nous pouvons. L'idée s'installe que toute réaction de notre part ne peut aboutir qu'à une recrudescence punitive des attentats, dont d'ailleurs nous menacent sans se

---

1. Le président Mitterrand a fait une visite officielle en Syrie au mois de septembre 1985, et a, dans un discours, reconnu « le rôle éminent du président Assad dans la région », ce qui revenait à lui donner le feu vert pour son annexion à peine déguisée du Liban. Assad ne jugea pas utile de « renvoyer l'ascenseur » par la suite, en calmant le terrorisme ou en libérant les otages français. L'année précédente, François Mitterrand avait rencontré en Crète le colonel Kadhafi, sans que le comportement de ce dernier en fût adouci par la suite (1987).

2. Le 8 octobre 1985, un commando palestinien détourne vers la Syrie, puis Le Caire, le paquebot de croisière italien *Achille Lauro.* Un passager américain, invalide et juif, est abattu par les terroristes, dont le chef, capturé quelques jours plus tard par l'armée américaine, sera libéré aussitôt, sans autre forme de procès, par le gouvernement italien (1987).

gêner les capitales de la terreur. Les Européens admettent donc implicitement ne plus se trouver en position de se défendre sans encourir une vengeance chaque fois plus dure et subir des pertes toujours croissantes. En d'autres termes, ils reconnaissent être à la merci des États terroristes.

C'est si vrai que Mme Thatcher a sans délai expié de l'assassinat d'otages britanniques à Beyrouth sa coopération avec les Américains dans l'offensive aérienne antilibyenne du 14 avril. Ce châtiment immédiat démontre, s'il en était encore besoin, la coordination ou la convergence des terrorismes d'État. Le gouvernement français eût été plus franc s'il avait avoué qu'il refusait aux avions américains le survol de son territoire par crainte de voir exécuter nos otages détenus au Liban. Mais c'eût été alors avouer aussi que la France avait perdu sa liberté de décision face à Tripoli et à Damas. Triste constat que certains cherchent à draper dans les plis glorieux de l'« indépendance », exclusivement anti-américaine, du gaullisme des années 60. Il est plus facile de tenir tête à ses alliés qu'à ses adversaires. Ainsi, l'accoutumance aidant, nous avons assisté depuis quelques années à une banalisation, dans nos sociétés, du terrorisme importé de l'étranger. Nous avons appris à vivre avec les victimes des attentats comme avec celles des accidents de la route. Après chaque nouveau carnage, dans un train, un avion, un grand magasin, un aéroport, résonne le concert habituel des indignations déclamatoires et des résolutions éphémères. Ensuite, on enterre les morts, on assied les mutilés dans leurs voiturettes, on les oublie. Huit jours plus tard, ce sont les gouvernements assez insensés pour proposer ou appliquer des sanctions contre les États terroristes qui passent pour les agresseurs. Eux seuls mettent en danger, paraît-il, la paix internationale.

Car le principal objectif de l'accord européen antiterroriste du 21 avril, à Luxembourg, par exemple, était de conjurer un nouveau raid américain, péril suprême. Par elles-mêmes, en effet, les mesures adoptées ont dix ans de retard. Elles sont sinistrement dérisoires. Encore a-t-il fallu les atténuer pour ne pas trop froisser le Premier ministre grec, grand ami de Kadhafi. A ce prix, les Européens ont entendu prouver aux Américains (c'était la raison profonde de leur rencontre) qu'ils étaient capables de bêler d'une seule voix [1].

Nous avons cru réduire les risques en ne résistant pas aux États terroristes et en nous bornant à limiter chez nous les effets de leurs attentats par un système amélioré de défense passive. Contenons sans refouler! Contentons-nous de multiplier les détecteurs électroniques, cette ligne Maginot des aéroports. La défense active des Américains, disons-nous, déclenchera de nouvelles répliques terroristes. D'où une rancœur contre les États-Unis, supérieure à celle éprouvée contre les authentiques coupables. Il est inquiétant de voir que le bombardement de Tripoli a suscité dans toute l'Europe – la France exceptée, seul pays où une majorité de l'opinion approuve Reagan – des manifestations antiaméricaines dont jamais les protestations visant les crimes contre

---

1. Réunis à Luxembourg soi-disant pour définir une politique antiterroriste, les membres du Marché commun ne définissent pas grand-chose et semblent plus soucieux de se désolidariser du raid américain de représailles sur Tripoli que de blâmer ou de contrer l'Internationale de la terreur (1987).

l'humanité des États terroristes et de leur Grand Frère soviétique n'ont rassemblé la cent millième partie. La violence ne deviendrait-elle inacceptable que lorsqu'elle émane d'une contre-attaque démocratique surabondamment provoquée? Tous ces signes l'indiquent, et il faut le répéter avec insistance, les Européens dans leur majorité semblent avoir pris leur parti de ce qui constitue à leurs yeux un moindre mal : un certain degré de subordination politique à l'égard des organisateurs du terrorisme international d'État. Délibérément ou non, ils se résignent peu à peu à un minimum incompressible de pertes humaines annuelles. Ils jugent au-dessus de leurs forces d'extirper le terrorisme en le frappant à la tête. Ils vont plus loin : ils souscrivent par leur comportement à la thèse selon laquelle la résistance à la terreur mettrait en danger la paix mondiale. Ils tombent par là dans le piège tendu par la propagande soviétique. Celle-ci condamne en paroles le terrorisme tout en soutenant les États qui le pratiquent et en accusant de bellicisme ceux qui le subissent et voudraient le contrecarrer. Symptôme encore plus préoccupant, les Européens n'ont pas tout à fait conscience d'avoir été ainsi acculés par petites touches à une sujétion tacite. La peur de déplaire à l'ennemi devient l'élément prépondérant de la décision. L'ami récalcitrant se voit relégué dans le rôle du fauteur de troubles.

Les manifestations de cette servilité subreptice ont récemment redoublé par l'effet d'un zèle presque comique. Il suffit de se placer un instant du point de vue des États terroristes pour comprendre qu'ils ne peuvent voir dans l'attitude européenne qu'une victoire psychologique et un succès politique pour eux. Que constatent-ils? Qu'on trouve au Parlement européen une majorité de députés pour s'empresser de condamner par un vote sans attendre un jour, le raid américain. Or c'est avant tout l'Europe que les attentats ensanglantent depuis tant d'années. Kadhafi envoie-t-il des missiles en direction d'une île italienne? La seule riposte qu'il essuie est une tremblante note de protestation. Elle est aggravée d'un bredouillement pitoyable de Bettino Craxi annonçant – ah! mais – que la prochaine fois, ça ne se passera pas comme ça, et qu'en cas de récidive on allait voir ce qu'on allait voir. Le ministre des Affaires étrangères italien, au moment de cette affaire, le cauteleux et catastrophique Giulio Andreotti, brûle d'une intense ferveur prolibyenne et s'oppose avec virulence au ministre de la Défense, Giovanni Spadolini. On imagine avec quel plaisir les États terroristes doivent savourer un tel spectacle. Ils ont réussi à introduire la division au sein même des gouvernements et non pas seulement entre les gouvernements, et entre l'Europe et l'Amérique, leur objectif permanent, atteint avec brio grâce à nous. Kadhafi pousse même l'ironie jusqu'à envoyer, le 16 avril, à l'Espagne et à l'Italie, un ultimatum leur enjoignant d'empêcher les mouvements de la VIe flotte américaine en Méditerranée! Personne, bien entendu, ne le remet à sa place. Bien mieux, comme, dans sa bonté, il a promis en échange de ne pas attaquer l'Espagne, Felipe Gonzalez fait savoir, le 17, qu'il tient le message de Kadhafi pour « un élément favorable à la détente ».

L'aboulie européenne est particulièrement mise en lumière par les arguments auxquels nous avons recours pour expliquer le refus d'autoriser les bombardiers américains à survoler nos territoires. Felipe Gonzalez prétend que l'envoyé spécial de Reagan, Vernon Walters, venu lui rendre visite avant l'opération, ne lui a parlé de rien. Mensonge pathétique, comme il ressort du démenti humiliant lancé de New York par Walters. Jacques Chirac a exposé, quant à lui, aux téléspectateurs, le 23 avril, que la France avait refusé l'autorisation de survol parce que les Américains ne l'avaient pas consultée assez longtemps à l'avance. Cette explication appelle plusieurs questions. L'Amérique pouvait-elle consulter très longtemps à l'avance les seize membres de l'O.T.A.N. sans éventer une opération reposant pour l'essentiel sur l'effet de surprise? Les Américains ont-ils demandé à réfléchir trois mois quand la France a eu recours à leurs moyens d'observation et de transmission dans les opérations de Kolwezi et du Tchad? Peut-on citer beaucoup de cas où, ayant consulté à l'avance leurs alliés, les États-Unis ont obtenu leur appui dans des opérations délicates?

L'Amérique tend donc de plus en plus à conclure que, pour les Européens, l'O.T.A.N. est un système de sécurité à sens unique. L'Europe non seulement ne montre aucun sens de la réciprocité, mais elle conçoit l'Alliance comme une protection exclusivement contre l'Union soviétique et limitée au continent. Pour Reagan, au contraire, la stratégie expansionniste de l'U.R.S.S. étant globale et mondiale, la réplique des démocraties doit également l'être. Comme les Européens refusent de lier les problèmes internationaux entre eux; comme toute action américaine soulève en Europe l'hostilité tantôt des gouvernements, tantôt des opinions publiques, tantôt des deux; comme l'O.N.U. et d'autres organisations internationales font de l'antiaméricanisme leur évangile, les États-Unis finissent par penser que la concertation avec leurs alliés se révèle, au bout du compte, être surtout un instrument pour les paralyser.

Cette perception américaine conduit donc, non pas au sempiternel néo-isolationnisme que l'on brandit périodiquement, mais à un concept baptisé, dans le jargon récent des politologues, « unilatéralisme global ». Ce terme signifie simplement que les Américains se sont peu à peu convaincus que, s'ils veulent mettre en œuvre une réponse adaptée à la stratégie globale de l'U.R.S.S., ils doivent agir seuls et se passer de nous. En attendant de nous dire, peut-être, un jour, que nous devrons également nous passer d'eux.

19

Le culte de la peur

Deux noms de lieu auront marqué l'année 1986 en Europe d'une façon bien particulière : Tchernobyl et Lampédusa. Le premier de ces noms symbolisera pendant longtemps encore l'ensemble des peurs, des risques et des problèmes internationaux liés à l'industrie nucléaire. Le second s'effacera sans doute plus vite de la mémoire des hommes. L'un et l'autre, pourtant, sont porteurs d'un même enseignement, peuvent servir à la démonstration expérimentale d'une curieuse loi : lorsque les démocraties sont victimes d'une menace ou d'une attaque en provenance de l'Union soviétique ou d'un État terroriste, leur première et plus spontanée réaction est dirigée non point contre la source de la menace ou de l'attaque, mais contre elles-mêmes.

Lampédusa est une petite île de la Méditerranée, entre Malte et la Tunisie – appartenant à l'Italie. Elle compte 4 000 habitants, qui vivent d'un peu de culture, du tourisme et de la pêche. Elle abrite en outre une base de l'O.T.A.N., base de surveillance radar (et non de missiles, comme on l'a dit). A la

5 juillet 1986.

suite du bombardement de Tripoli par l'aviation américaine, le 15 avril, Kadhafi expédia vers Lampédusa une fusée, qui d'ailleurs tomba prématurément dans la mer. Il fit savoir qu'une deuxième attaque aurait lieu sous peu.

La réaction de la population de Lampédusa devant les menaces de Kadhafi fut, à cet égard, exemplaire : les habitants demandèrent la fermeture de la base de surveillance de l'O.T.A.N. Autrement dit, Kadhafi était arrivé en partie à ses fins. La population de Lampédusa acceptait de sacrifier un élément de la sécurité de son pays et de ses alliés en échange de la tranquillité. Troc illusoire s'il avait eu lieu car jamais un dictateur n'est calmé par une concession.

On répondra que la population de Lampédusa avait de bonnes raisons d'être mécontente : les touristes fuyaient l'île, les pêcheurs n'osaient plus sortir, le commerce des produits de première nécessité s'effondrait. Mais cette panique aurait-elle existé si le gouvernement italien avait donné plus tôt l'impression qu'il défendrait avec énergie Lampédusa contre toute agression libyenne? Par la suite, il afficha davantage de détermination et se déclara prêt à prévenir toute éventuelle attaque. Mais il n'avait pas répliqué en avril à la première. De plus, l'Italie s'était désolidarisée des États-Unis lors du bombardement de Tripoli. Elle n'avait pas davantage bougé, en mars, quand des Libyens avaient attaqué des navires américains dans les eaux internationales, arbitrairement baptisées par Kadhafi eaux territoriales. Les Européens avaient alors blâmé les Américains d'avoir répliqué à ces tirs! En mars et en avril, des manifestations antiaméricaines éparses avaient eu lieu dans toute l'Europe, et notamment dans la péninsule – mais aucune manifestation antilibyenne, bien entendu. Pourquoi Kadhafi se serait-il donc gêné?

Après Tchernobyl, les mêmes mécanismes se sont mis en marche. C'est en Union soviétique que s'est produit le plus grave accident nucléaire de tous les temps, mais c'est contre les centrales nucléaires occidentales que nos écologistes et pacifistes ont protesté. L'association *Greenpeace* est restée spectaculairement silencieuse. En Allemagne, les Verts, réunis à Hanovre ont dénoncé... l'O.T.A.N., « principal responsable de la course aux armements et des dangers que court la paix mondiale ». Ils ont exigé en outre la dissolution de la Bundeswehr, la suppression de la police et des services de contre-espionnage (pas russes, bien sûr, occidentaux). En Hollande, le socialiste Joop Den Uyl conduisit sa campagne électorale sous le slogan : « Ni missiles, ni centrales nucléaires. » En Grande-Bretagne, aux États-Unis, des programmes de construction de centrales furent remis en question – ce qui est excellent pour faire remonter le prix à l'exportation du pétrole soviétique. La presse occidentale écrivit volontiers que « l'accident aurait pu se produire n'importe où ». Cela est faux. Tous les experts le savent : la centrale soviétique a été construite sans la moindre enceinte de confinement et dans des conditions d'insécurité scandaleuses. Comme est scandaleux le silence fait durant plusieurs longs jours par les autorités soviétiques sur les risques courus par les autres pays que menaçait le nuage radioactif. Le paradoxe est que le comportement de l'Union soviétique en tant que pollueuse radioactive du monde risque d'aboutir et aboutit en fait à ralentir le programme nucléaire civil des démocraties, et donc à les affaiblir économiquement dans l'avenir.

Mikhaïl Gorbatchev condescendit enfin à faire sa première déclaration publique le 14 mai, soit dix-huit jours après l'accident. Au lieu de s'excuser auprès de l'opinion internationale, il accusa les États-Unis de ne pas vouloir procéder immédiatement au désarmement nucléaire et à l'arrêt de leurs essais! Il proposa une conférence à... Hiroshima, sur l'arrêt des expériences nucléaires.

Ce discours surréaliste provoqua-t-il un immense éclat de rire en Occident? Pas du tout. Très vite, on eut l'impression que, pour des secteurs influents de nos opinions publiques, les vrais coupables de Tchernobyl, c'étaient les démocraties, leur industrie électronucléaire et, plus encore, leur défense. La facture politique, morale et stratégique de la catastrophe soviétique devait être payée par l'Occident!

Bien entendu, Tchernobyl et Lampédusa sont deux phénomènes bien distincts. Le premier fut un accident, même si la conduite des Soviétiques à la suite de cet accident fut critiquable. Le second appartient au contexte du terrorisme international d'État, un terrorisme parfaitement volontaire, véritable guerre contre les démocraties. Les deux événements ont cependant un point commun par leurs conséquences : les protestations et les ressentiments qu'ils suscitent en Europe se retournent contre l'Occident au lieu de s'adresser aux vrais responsables.

Dans le cas du terrorisme en particulier, les gouvernements européens semblent souvent réagir come si le danger majeur provenait de la résistance à l'attaque et non de l'attaque elle-même. Par exemple, la France n'esquissa pas la moindre riposte après que, le 4 février 1980, des groupes armés à la tête de plusieurs milliers de manifestants téléguidés eurent envahi, saccagé, détruit et incendié l'ambassade de France à Tripoli et le consulat général de France à Benghazi. En revanche, le bombardement de Tripoli par les Américains en avril 1986 a été, dans un premier temps du moins, violemment condamné par Madrid, Rome ou le président de la République française, plus explicitement que dix ans de terrorisme dirigé par la Libye et la Syrie. Nous réservons notre sévérité à nos alliés, notre compréhension à nos ennemis... Faut-il rappeler que jusqu'à une date toute récente, nos gouvernements s'interdisaient de *nommer* même les États terroristes, de peur de les indisposer? Il a fallu, précisément, l'opération américaine pour que le tabou soit enfin aboli et que, dans les déclarations officielles, on ose mettre en cause ouvertement Tripoli, Damas comme centres de terrorisme. Les sondages ont révélé que les opinions publiques européennes, à l'exception des Français, désapprouvaient le raid américain.

De même, les gouvernements européens n'avaient jamais réussi et n'ont d'ailleurs toujours pas réussi à se mettre d'accord pour coordonner leurs actions antiterroristes et leurs procédures d'extradition. C'est même l'échec, début 1986, d'une ultime tentative pour mettre sur pied une politique occidentale cohérente de lutte contre le terrorisme qui a finalement décidé Ronald Reagan à effectuer seul l'opération de représailles contre la Libye. Seul : mais non pas sans consulter les gouvernements européens, contrairement à ce que la plupart de ceux-ci ont prétendu. Le principe de conduite de ces gouvernements, ne pas répliquer au terrorisme de peur de l'aggraver, ce principe n'avait pourtant donné aucun résultat. L'Europe occidentale, en 1983 et 1984, avait encore été le lieu de la plus forte concentration d'actes terroristes dans le monde entier. Ce n'est en général pas une politique promise à la victoire que de montrer à l'adversaire qu'on a peur de lui et qu'il peut donc continuer impunément à frapper.

20

Un problème géostratégique

Le terrorisme d'origine interne, quoique parfois aidé de l'extérieur, fut l'un des plus redoutables fléaux de l'Europe durant les années 70, notamment en Italie. Il a été remplacé aujourd'hui par un terrorisme international d'État, dont la principale cible est pour le moment la France.

D'origine palestinienne, ce terrorisme déborde aujourd'hui de beaucoup la cause palestinienne, puisqu'on y trouve mêlés des Iraniens, des Libanais, des Libyens, des Arméniens, auxquels s'ajoutent les restes de la *Rote Armee Fraktion* allemande et l'organisation Action directe en France. Mais derrière ces étiquettes diverses, on retrouve essentiellement trois États : l'Iran, la Libye et la Syrie. Le gouvernement khomeyniste poursuit ses objectifs propres, qui sont la restitution d'un prêt jadis fait par le Shah à la France et la libération des tueurs envoyés pour assassiner l'ancien ministre Chapour Bakhtiar, réfugié à Paris. En outre, les khomeynistes sont depuis trois ou quatre ans très présents au Liban.

Septembre 1986.

Que cherche à obtenir ce terrorisme international d'État? D'abord à faire complètement partir les Occidentaux du Liban. C'est là un but qui intéresse avant tout la Syrie et l'U.R.S.S., et l'on peut dire qu'il est maintenant pratiquement atteint. Ensuite, faire libérer les terroristes capturés : c'est en quelque sorte le terrorisme nourrissant le terrorisme, à cause de la revendication de l'impunité pour les auteurs d'attentats. Enfin et surtout, le terrorisme international d'État vise plus largement la déstabilisation de l'Europe occidentale, de son équilibre politique et de son système de défense. C'est connu, mais c'est toujours plus ou moins volontairement oublié. En effet, plusieurs attentats exécutés par Action directe, la *Rote Armee Fraktion* et les Cellules communistes combattantes belges (C.C.C.) ont été dirigés contre l'O.T.A.N. et l'industrie d'armement en Occident. Or, un militant français d'Action directe, récemment sorti de prison après avoir purgé sa peine, est réapparu peu après en Syrie et en Bulgarie. Les liens du terrorisme proche-oriental avec les pays d'Europe de l'Est, la R.D.A. en particulier, sont complétés par ses liens avec les divers terrorimes locaux dans les démocraties d'Europe de l'Ouest. Un terroriste du groupe Abou Nidal est arrêté à Madrid en novembre 1984 alors qu'il préparait un attentat. Or, à cette date, l'Espagne n'avait pas encore reconnu Israël. Le véritable but de l'attentat était de faire pression sur le gouvernement et l'opinion publique pour que l'Espagne quitte l'O.T.A.N. Le groupe dit Abou Nidal a des hommes à l'entraînement en Syrie, au Liban, en Libye, au Yémen du Sud, en Corée du Nord. Le quartier général de l'ASALA arménienne est à Damas, et le nommé Garbidjian (un pseudonyme), organisateur de l'attentat qui fit huit morts et une cinquantaine de blessés le 15 juillet 1983 à Orly, était porteur d'un passeport syrien. Quoique la vague terroriste actuelle semble se concentrer sur la France, il ne faut cependant pas oublier que la Turquie, autre pays de l'O.T.A.N., vient aussi d'être frappée, que l'Italie l'a été en 1985, avec le détournement de l'*Achille Lauro* et l'attentat contre l'aéroport de Rome [1].

Un autre avantage de ce terrorisme international d'État, pour l'U.R.S.S., qui l'utilise discrètement sans jamais se compromettre de façon voyante, est de constituer une source de désaccord entre les États-Unis et ses alliés européens. On se rappelle la dispute entre Washington et Rome à propos de l'arrestation ou plutôt de la non-arrestation du principal organisateur du détournement de l'*Achille Lauro*, la dispute entre Washington et Paris à propos de l'opération aérienne américaine contre Tripoli, et, en général, à propos du refus des Européens, jusqu'à une date toute récente, de coordonner entre eux et avec les États-Unis la lutte contre le terrorisme international.

Or cette lutte restera peu efficace si le terrorisme international d'État n'est pas correctement analysé d'un point de vue politique et géostratégique. Les Européens continuent à avoir peur de mettre directement en cause les États qui utilisent le terrorisme. Tant que l'on se bornera à des mesures de défense passive et de contrôle aux frontières, nécessaires,

1. Par un commando palestinien, qui fit 15 morts et 75 blessés.

bien sûr, mais insuffisantes, tant que les États responsables ne seront pas clairement désignés et punis de représailles précises, la source du terrorisme ne sera pas tarie. Même l'U.R.S.S. doit pouvoir être gênée, par exemple par la réduction draconienne de ses représentants diplomatiques (c'est-à-dire du nombre de ses espions) en Occident, par l'expulsion de correspondants de *Tass*, ou par la fermeture de bureaux d'*Aeroflot*. Les représailles sont encore plus faciles contre les satellites soviétiques dont l'aide au terrorisme est notoire : la Bulgarie, la Tchécoslovaquie, l'Allemagne de l'Est. On pourrait par exemple priver la R.D.A. du privilège (peu connu) qui lui permet de vendre librement des produits dans le Marché commun, ce qui lui rapporte 2 milliards de dollars par an. Mais pour exécuter ces représailles, il faudrait un minimum de courage politique, qualité dont aucun, absolument aucun gouvernement européen (sauf, par intermittence, le gouvernement britannique) n'est pourvu aujourd'hui. Il est donc à prévoir que le terrorisme international d'État continuera à frapper, et longtemps.

21

Amnesy international

Les sociétés occidentales sont-elles condamnées à l'impuissance face au terrorisme? Elles l'ont été d'abord par leur propre aveuglement. Les temps ne sont pas si loin où le Tout-Paris progressiste s'enthousiasmait pour les tueurs de la bande à Baader, où notre gouvernement accompagnait pieusement à Orly l'assassin irakien d'un policier français, où la gauche attribuait ignoblement à la droite française l'attentat d'otobre 1980 [1] contre la synagogue de la rue Copernic, dont les véritables auteurs venaient, comme tant d'autres, de Damas ou de Beyrouth. Ne s'est-il pas trouvé encore, tout récemment, des âmes délicates pour protester contre la création de cartes d'identité infalsifiables? Elles leur préfèrent sans doute les permis d'inhumer.

---

15 septembre 1986.

1. « La multiplication d'attentats d'inspiration fasciste ou néo-nazie en Europe occidentale oblige pour le moins à s'interroger sur certaines convergences qui paraissent de moins en moins fortuites », pouvait-on lire dans l'éditorial du *Monde* des 5-6 octobre 1980, dont la première page était tout entière barrée par le titre : « L'attentat contre la synagogue de la rue Copernic. » En première page ce même jour, sous le titre « L'État sans

C'est une guerre, nous dit-on. Enfin! Il était temps de s'en apercevoir. Et comment l'avons-nous faite, comment la faisons-nous, comment comptons-nous la faire? Et contre qui, si nous refusons d'identifier les ennemis qui arment les exécutants? Dernièrement, notre ministre des Affaires étrangères ne déclarait-il pas au micro d'un poste périphérique qu'il fallait se garder de voir derrière le terrorisme international un réseau coordonné? L'expression consacrée pour ridiculiser cette idée est celle de « chef d'orchestre clandestin », ce chef que les paranoïaques verraient derrière les coups du terrorisme. Entre cette hypothèse stupide et celle tout aussi bête qui consiste à ne voir dans le terrorisme international qu'une juxtaposition d'actions disparates, il y a largement place pour la vérité; celle que les épreuves subies ont lentement dégagée. A savoir qu'une multiplicité de groupes terroristes, à l'origine politiquement et géo-

---

honneur », Philippe Boucher dénonçait « la tolérance active » et « la complicité passive » « de la police, des autorités, de l'État » à l'égard de l'extrême droite. Et Jacques Fauvet, lui-même, le directeur du journal d'écrire, toujours en cette même première page : « Toute à ses combats d'arrière-garde contre les mille et une variantes du marxisme, dont elle ne cesse pourtant de célébrer la mort, toute une classe intellectuelle, dominante dans les nouveaux cénacles et les grands médias, en a oublié de riposter et même de prêter attention aux articles et aux œuvres qui véhiculent une doctrine fondamentalement autoritaire, élitiste et raciste. »

Dans son numéro du 3-4 octobre 1982, sous le titre « Il y a deux ans, Copernic », *Le Monde* écrivait : « Il n'est plus question d'accuser l'extrême droite néo-nazie, de suggérer des origines espagnoles, chypriotes ou libyennes... Non! La police est désormais sûre d'elle et le fut rapidement : l'attentat de la rue Copernic a été commis par un groupe palestinien marginal. » Belle amende honorable, sauf que le groupe n'avait rien de marginal (1987).

graphiquement différents et dispersés, ont été au fil des années connectés et coordonnés les uns aux autres par des États. Ces État sont connus. Ce sont aujourd'hui, pour l'essentiel, l'Iran, la Libye et, surtout et avant tout peut-être, la Syrie. Derrière ces pays, l'Union soviétique, le plus souvent et fort prudemment à travers ses satellites. Un terroriste français d'Action directe, le dénommé Oriach, sorti de prison il y a deux mois pour venir aussitôt faire l'éloge du meurtre à l'une de nos stations de radio, n'a-t-il pas été signalé ces derniers jours coulant une paisible fin de semaine à Sofia?

Mais à quoi sert de répéter que nous sommes en guerre ou que le terrorisme international d'État s'en prend de préférence aux démocraties – notions, d'ailleurs, qui n'ont été acceptées qu'avec beaucoup de retard – si nous avons peur d'en tirer des conséquences pratiques? Car nous avons peur, et, de ce fait, continuons de traiter comme un problème de police ce qui est en réalité un problème de défense nationale, et comme un problème interne de maintien de l'ordre ce qui est en réalité un problème de relations internationales.

Lorsque le gouvernement italien empêche les Arméricains d'arrêter le véritable organisateur du détournement de l'*Achille Lauro*, lorsque la justice française condamne à une peine dérisoire ou à pas de peine du tout tel sinistre personnage, responsable de l'assassinat sur notre sol de plusieurs diplomates étrangers, lorsque l'avocat de ce même tueur laisse clairement entendre qu'il a négocié en coulisse avec l'État français, lorsque, enfin, les gouvernements européens quasi unanimes se liguent contre le Président des États-Unis pour condamner son action contre la centrale terroriste de Tripoli, le moins qu'on puisse dire, c'est que nous avons une curieuse façon de concevoir la guerre. Notre résistance ressemble plus à celle du maréchal Pétain qu'à celle du général de Gaulle.

Il existe en outre un curieux contraste entre les mâles discours que tiennent les dirigeants européens, de toutes les majorités, dans les instants qui suivent un nouvel attentat, et l'évaporation de leurs fermes décisions après les quelques jours qui ont succédé à l'horreur. On repart de zéro après chaque carnage, les mêmes acteurs entrent en scène, articulent les mêmes répliques, frappés d'une même et soudaine révélation, tant est grande, entre deux représentations, leur capacité d'oubli. Ce n'est pas « Amnesty International », c'est « Amnesy International ».

Les gouvernements européens n'ont-ils pas inauguré l'année 1986 (juste après les attentats des aéroports de Vienne et de Rome) en refusant de s'associer à un plan américain de coordination internationale de la lutte contre le terrorisme? N'a-t-on pas entendu d'éminents politologues et de spirituels chroniqueurs se gausser de la pusillanimité des touristes américains qui renâclaient à venir faire tourner notre industrie hôtelière, de peur d'un terrorisme qui n'existait, paraît-il, que dans l'imagination de Reagan? Il est évident que, sur la base d'aussi brillantes analyses, il est difficile de bâtir une politique cohérente contre le terrorisme international d'État. Pourquoi passer sous silence, par exemple, que Malte et Athènes entretiennent avec Kadhafi des rapports trop doux pour être honnêtes? Faut-il le tolérer indéfiniment? Le président du gouvernement espagnol, Felipe Gonzalez, refusait de voir entre les divers terrorismes une coordination internationale, jusqu'au jour où il a constaté que des tueurs de l'ETA basque étaient accueillis et entraînés au Nicaragua, d'où ils repartaient pour l'Espagne après s'être refait une santé et pourvus de faux passeports, en général panaméens. Ce jour-là, il a beaucoup appris, ce qui ne signifie pas qu'il ait suffisamment compris et encore moins agi en fonction de ce qu'il avait su.

Car tout est là. Nous n'osons pas nous en prendre directement aux capitales qui arment le terrorisme qui nous tue. Nous ne cessons de proclamer que nous ne céderons pas au chantage et nous ne faisons que cela. Et même par anticipation! Ne parlons donc pas trop de guerre : il est à craindre que nous ne l'ayons déjà perdue.

22

Bilan de l'année terroriste

L'année 1986 restera-t-elle dans l'Histoire comme celle d'une grande victoire pour le terrorisme international d'État? Elle avait d'abord paru devoir être celle de sa défaite. Mais, au bout du compte, les démocraties, y compris la plus puissante d'entre elles, sont revenues à leurs vieilles tisanes. Elles ont troqué des rémissions provisoires et de parcimonieuses libérations d'otages contre une soumission, sans doute plus discrète, mais d'autant plus profonde, aux desseins politiques globaux des États terroristes. Elles n'ont pas osé sauter le pas décisif : la mise en cause catégorique et unanime de ces États, puis la mise en œuvre d'une contre-attaque proportionnée aux dommages infligés par les agresseurs.

Du moins, elles ne l'ont pas fait toutes ensemble, et celles qui l'ont fait ont été désapprouvées par les autres, ou soutenues avec une mollesse aussi humiliante qu'un blâme. Le bombardement américain d'avril 1986 en Libye fut la première opération par laquelle une grande puissance démocratique répondait enfin au terrorisme sur son vrai terrain : celui de

8 décembre 1986.

la stratégie internationale. Mais cette escalade valut aux États-Unis l'hostilité de la plupart des Européens, qui proclamèrent l'inefficacité de telles méthodes, malgré leurs résultats palpables au cours des mois qui suivirent. Il est vrai, on peut toujours nier les faits, ou les attribuer à d'autres causes. Pourtant, un pays européen avait fini par énoncer à haute voix le problème dans les termes hors desquels il ne sera jamais résolu. Après la condamnation par un tribunal britannique d'un agent terroriste syrien, identifié comme tel, le gouvernement britannique avait décidé aussitôt de rompre les relations diplomatiques avec la Syrie.

Ce geste suscita plus de désarroi que d'adhésion chez les autres Européens, toujours prêts à parler de fermeté à nulle autre pareille dans leur croisade antiterroriste tout en pliant l'échine et en feignant d'ignorer d'où viennent les coups. Passons sur la Grèce, qui ne manque jamais une occasion de prendre le parti des régimes totalitaires, et dont on se demande si sa place est encore au sein de l'Europe des Douze. La réaction française, consistant à nier les preuves qui confondent la Syrie pour ne pas avoir à en tirer les conséquences, intrigue davantage. En effet, dans un premier temps, Jacques Chirac, durant la vague des attentats de septembre à Paris, avait inscrit le drame dans son cadre politique et stratégique véritable. Il l'avait défini correctement comme une forme de guerre et avait annoncé aux États manipulateurs une riposte punitive et dissuasive. Le radoucissement français, qui ne passa pas inaperçu puisqu'il nous valut dans la presse internationale une avalanche de quolibets, risque de faire retomber la prétendue lutte antiterroriste dans les ornières de la capitulation déguisée en astucieuse négociation souterraine. Cette méthode, tant vantée pour son efficacité, est précisément celle qui, depuis le milieu de la décennie précédente, s'est révélée inefficace à long terme. Les quelques répits accordés sur le court terme en pourboires à notre illusoire réalisme ont été payés d'une aggravation massive sur l'ensemble de la période. Rien là que de très naturel : plus nous rendons le terrorisme rentable par nos concessions, plus nous encourageons nos ennemis à investir dans cette activité. Quelles raisons, donc, ont pu pousser le gouvernement français à se lancer à nouveau dans ce faux calcul?

Échanger la libération de quelques otages contre la promesse faite à la Syrie de lui épargner la honte d'être désignée comme centrale du crime? Mais c'est justement ce genre de troc qui n'a rien donné depuis dix ans! Et pour cause : le fait même de le proposer démontre à l'adversaire l'utilité de capturer les otages. Et, comme le vivier où pêcher les otages est inépuisable, et pas seulement au Liban, quelle bonne affaire pour un État terroriste que d'en relâcher de temps à autre un ou deux, en encaissant une forte rançon politique? En démocratie, le sacrifice de l'avenir à l'immédiat est une tentation irrésistible, pour des raisons humanitaires, surtout avant des élections. C'est là ce qui a poussé Reagan aussi à céder en cachette au chantage iranien, pour obtenir des libérations d'otages avant le scrutin de novembre 1986 : sans éviter pour autant de perdre sa majorité au Sénat, mais en ruinant l'autorité morale des États-Unis en matière de lutte antiterroriste. De même, obtenir une suspension d'attentats en flattant un dictateur terroriste, au lieu de le mettre hors d'état de nuire, exaucer, voire devancer ses vœux politiques, financiers, militaires, en espérant par là établir entre l'agresseur et l'agressé une connivence dans la gestion commune des coups, c'est signer le bon de commande ferme de la prochaine vague d'attentats.

Ces attentats n'emprunteront peut-être pas le même chemin que les précédents, mais ils viendront. On met au repos les agents trop marqués du sceau proche-oriental, et c'est Action directe qui assassine Georges Besse. L'essentiel est de perpétuer l'insécurité dans les démocraties. Quand on entend le gouvernement français, au moment du meurtre de Georges Besse, le P.D.-G. de Renault, ne « pas exclure » les liens de terroristes isolés avec des organisations internationales et « se proposer fermement » une « étroite coopération » avec les services antiterroristes ouest-allemands, on a l'impression de réécouter un vieux disque des années 70. Cette ritournelle avait déjà retenti en 1985 après l'assassinat de l'ingénieur général Audran. Si nos spécialistes en sont encore à s'interroger sur les liens d'Action directe avec la Fraction Armée rouge allemande, les Cellules communistes combattantes belges, et sur les rapports de ces trois bandes avec le Proche-Orient et les services de l'Est, rien d'étonnant à ce que leurs résultats soient si maigres.

Il ne subsiste plus aujourd'hui d'autre solution que le traitement global du terrorisme. La méthode du compartimentage, qui consiste à considérer chaque action, chaque groupe comme un élément séparé des autres, et justiciable d'une thérapeutique « personnalisée », a fait faillite. Elle repose sur une analyse fausse qui ne tend qu'à éluder quelques affrontements politiques difficiles, et pourtant indispensables. Il ne sert à rien de s'épuiser à traquer des hommes de main, remplaçables et interchangeables. Il faut avoir le courage de nous adresser directement aux capitales, aux maisons mères. Si nous n'avons pas ce courage, alors il faut avoir celui de proclamer que nous avons perdu la guerre du terrorisme, que nous demandons l'armistice et que nous sommes prêts à en payer le prix.

Ce prix serait, pour satisfaire la Syrie, la renonciation à toute influence française et, plus généralement, occidentale au Proche-Orient. C'est là l'objectif poursuivi par Damas, avec l'appui de l'U.R.S.S., depuis 1978, année où il devint clair que les Syriens entendaient utiliser le conflit libano-palestinien pour annexer le Liban, en fait, sinon en droit. Assad a depuis lors éliminé sur place, par l'assassinat, tous les hommes qui contrariaient son dessein : Kamal Joumblatt, l'ambassadeur de France Louis Delamare, Bechir Gemayel, les soldats français et américains de la Force d'interposition, etc. En Occident, il a harcelé avec le terrorisme les pays qui osaient avoir une politique autre que la sienne au Proche-Orient. C'est pourquoi l'on comprend mal le gouvernement français lorsqu'il argue du « rôle historique » de la France dans la région pour plaider en faveur d'Assad contre les Anglais ou les Allemands. Assad et ses amis soviétiques étant précisément ceux qui veulent mettre un point final à ce « rôle historique », et qui d'ailleurs y sont quasiment parvenus, on saisit mal ce que nous apporte notre zèle à consolider leur position. Zèle que nous poussons jusqu'à vouloir aider Assad à se tirer de son cataclysme économique au lieu de l'exploiter pour l'affaiblir. En expulsant à son tour plusieurs diplomates syriens compromis dans un attentat, l'Allemagne, sans aller comme Londres jusqu'à la rupture, n'en laisse pas moins la France seule dans ses faiblesses pour Assad : seule en compagnie de Moscou, qui s'est empressé de couvrir Damas et d'injurier Bonn. L'ardeur que nous déployons à renflouer la réputation et les finances des régimes qui veulent notre mort méritera d'être analysée, voire psychanalysée dans les futures écoles de diplomatie.

On ne peut que louer notre volonté de rester en scène pour cause de « rôle historique »; c'est le moyen adopté qui laisse songeur. Il en va de même pour les livraisons d'armes américaines à l'Iran. On l'accordera à Reagan : il est normal, et même nécessaire dans la perspective du bouleversement qui se profile à Téhéran, que les États-Unis reconstruisent une politique iranienne et n'abandonnent par l'U.R.S.S., depuis longtemps à l'affût de cette occasion, le monopole de l'initiative. Mais fallait-il poursuivre, ou plutôt compromettre, ce dessein légitime en acheminant des armes pour récupérer des otages, tout en niant, sans être cru, le moindre rapport entre les deux faits? Et fallait-il soudain blanchir l'Iran de tout penchant aux attentats et même, ce qui doit sonner curieusement à des oreilles américaines, aux prises d'otages? Il est surréaliste d'affirmer imperturbablement, à la manière française, n'avoir « *aucune preuve* » des méfaits ayatollesques. Ce sont de tels comportements qui, en cette fin de l'année 1986, menacent d'ôter toute crédibilité, toute cohérence, toute efficacité à la lutte commune contre le terrorisme – cette lutte que les démocraties paraissaient résolues à mettre sur pied voilà encore quelques mois. Pis : comme d'habitude, la bataille, au lieu d'être livrée à l'ennemi, se termine en rixe à l'intérieur du camp démocratique. Chaque membre du camp se gausse des veuleries de l'autre et flétrit ses rares manifestations d'énergie.

Tous ces zigzags donnent le sentiment d'un manque de vision politique. On y décèle bien des *calculs* politiques, mais pas de vision. Le Proche-Orient et son terrorisme, la destruction, au Liban, de la seule démocratie du monde arabe, l'effacement progressif des Occidentaux ne prennent tout leur sens que replacés dans un tableau dont les autres parties sont l'Asie centrale et les pays du Golfe. Comment évolue le rapport des forces dans cette vaste continuité géostratégique? L'Afghanistan paraît devoir rester désormais pour longtemps contrôlé, directement ou indirectement, par l'Union soviétique. Les troupes d'occupation, impuissantes à détruire la résistance armée, exterminent ou chassent les populations civiles. En décembre 1979, l'Afghanistan comptait treize à quatorze millions d'habitants; il n'en comporte plus qu'environ huit millions en décembre 1986. La différence s'explique par quelques centaines de milliers de tués et quelques millions d'exilés, qui ont fui ailleurs. Une erreur de transmission a récemment dénaturé une dépêche et répandu la nouvelle que les troupes soviétiques se retiraient d'Afghanistan; après rectification, on apprend que c'est la population afghane qui se retire.

Avec cette place forte au centre du continent, l'U.R.S.S. allonge sa frontière commune avec l'Iran et surveille l'Arabie Saoudite et les Émirats. Cette proximité l'avantage pour exploiter, voire susciter les changements à venir à Téhéran, ainsi que les nouveaux déséquilibres qu'engendrera la fin de la guerre irako-iranienne. Quant aux pays du Golfe, on a entendu des hommes politiques français affirmer que la France devait éviter d'incriminer Assad... pour ne pas s'aliéner les pays arabes modérés. Or ceux-ci sont terrifiés par les Assad, Khomeyni ou Kadhafi (tout comme le sont par ce dernier les pays africains modérés), et nous en veulent, tout au contraire, de ne pas les protéger contre leurs complots. Pourquoi? Que l'on veuille bien demander la réponse aux mânes d'Anouar el-Sadate. Si nous continuons d'agir à partir d'aussi étranges analyses, assaisonnées de vaticinations triviales sur l'intégrisme musulman, nous pouvons mettre une croix sur notre « rôle historique », même en tant que puissance moyenne. Et le rôle de la grande puissance américaine devient tout aussi pitoyable après l'erreur iranienne, comme le lui ont nettement dit l'Égypte et la Jordanie, « pays arabes modérés » par excellence.

Le terrorisme a fait perdre la tête aux dirigeants occidentaux, il les a « poussés à la faute », acculés aux contradictions dans les mots et aux catastrophes dans les actes. C'était son objectif : c'est sa plus grande victoire.

CONCLUSION

Le mirage iranien
ou
stérile servilité!

En passant du terrorisme ordinaire à des hostilités ouvertes contre les puissances occidentales et les pays arabes modérés, l'Iran a parachevé, en juillet et août 1987, la démonstration du théorème que « le terrorisme, c'est la guerre ». En effet, placer des mines, par exemple, dans des eaux internationales destinées à la navigation commerciale, ou dans les eaux territoriales d'États avec lesquels on est juridiquement en paix, c'est à la fois un comportement terroriste et un acte de guerre. A d'autres époques, c'eût été considéré par les puissances visées comme un *casus belli* caractérisé. Aujourd'hui, c'est une simple escalade dans le terrorisme d'État. Jamais, en tout cas, la frontière entre terrorisme et guerre n'a été aussi indécise.

Et elle le reste quand on observe la réaction des pays démocratiques devant l'aggravation de la crise du golfe Persique. Loin de réagir au terrorisme comme si c'était la guerre, elles réagissent à la guerre comme si c'était du terrorisme. C'est-à-dire, avant tout, qu'elles se divisent. Ou plutôt, car je ne voudrais pas être injuste, les Européens ont montré, pour une fois, une belle unanimité, mais pour annoncer qu'ils lâchaient les Américains et n'enverraient pas leurs dragueurs de mines les aider à nettoyer le Golfe. Avec une rapidité de décision impressionnante, la France, l'Italie et la Grande-Bretagne (malgré les promesses de solidarité faites au président Reagan, quelques jours auparavant, lors d'un voyage à Washington du Premier ministre, Mme Thatcher) firent savoir à l'Iran qu'elles ne seconderaient pas les timides efforts des États-Unis pour protéger la liberté de navigation. Quant au départ de Toulon du groupe aéronaval de la Méditerranée, nos autorités se firent un devoir d'annoncer que cette manœuvre ne visait personne en particulier. Partir en guerre sans avoir d'ennemi est une innovation stratégique intéressante. De toute manière, nous prévenions ainsi l'Iran qu'il gardait les mains libres s'il désirait empêcher le pétrole de nous parvenir. « L'envoi de la flotte a un objectif purement dissuasif », annonça le ministre français de la Défense, ce qui fit que ledit envoi perdit instantanément tout effet dissuasif, car celui-ci ne joue bien évidemment que si l'adversaire potentiel croit que vous allez vraiment l'attaquer. « Nous n'avons aucune intention agressive », ajouta le Premier ministre, Jacques Chirac, le 29 juillet. Comment en douter, alors que, dans le même temps, la flotte française se laissait bercer par le flot, avec l'épicurienne nonchalance d'une croisière musicale dans les Caraïbes, et claironnait qu'elle n'atteindrait les lieux du conflit que dans un nombre imprécis et imprévisible de semaines?

Le Premier ministre avait beau ajouter : « Nous exigeons d'être respectés », on ne voyait pas ce qui pouvait inciter l'Iran et les autres États terroristes à prendre cette « exigence » plus au sérieux que par le passé; car, avec une rare maîtrise dans la contradiction de soi-même, la France précisait à l'avance qu'elle n'utiliserait pas la force. *Le Monde* condensait cette annulation spontanée de l'action entreprise dans ce titre délectable du 31 juillet : « La France veut affirmer sa “ fermeté ” sans s’immiscer dans le conflit du Golfe. » Il fallut, en effet, attendre la mi-août, et l’annonce que des mines flottaient *en dehors du Golfe,* dans la mer d’Oman, pour que la France se décide – en toute indépendance – à envoyer des dragueurs.

On comprend qu’enhardi par la militante lâcheté de l’Europe et le fiasco naval américain, l’Iran ait aussitôt poussé son avantage en s’efforçant d’utiliser le pèlerinage de La Mecque pour le tranformer en théâtre de manifestations politiques... contre les Américains et Israël; et pour déstabiliser l’Arabie Saoudite, comme avait déjà tenté de le faire Kadhafi en 1979. Le Koweit trop « occidental » fournit une autre cible, tout simplement parce qu’il a refusé à plusieurs reprises de faire sortir de prison des tueurs qui avaient commis des attentats sur son territoire. La logique des États terroristes implique en effet que ce soit la victime qui devienne l’agresseur, à partir du moment où elle ose arrêter ceux qui l’ont attaquée. On ne voit pas très bien comment on pourrait éviter de « mériter le châtiment » des États terroristes; si un pays relâche des auteurs d’attentats, ceux-ci redeviennent disponibles pour recommencer; et s’il les emprisonne, il se rend coupable d’une hostilité intolérable, qui justifie une nouvelle vague d’attentats. La destruction de la source des agressions permettrait seule de sortir de ce piège.

Pourtant, les démocraties semblent toujours n’avoir rien appris ou rien retenu de leur expérience déjà longue du terrorisme d’État. Leurs gouvernements n’ont pas compris qu’ils ne gagnent rien en se désolidarisant de leurs alliés démocratiques dans l'espoir de gagner les faveurs des États terroristes en leur faisant des concessions. Ils se désignent ainsi au contraire comme futures cibles du terrorisme d'État, puisque celui-ci tire de leur attitude cette seule conclusion qu'il vient de rencontrer une zone de faiblesse et de pénétration propice au chantage. On ne s'étonne pas de voir le ministre des Affaires étrangères de la République fédérale d'Allemagne, M. Genscher, toujours à l'affût d'une concession à faire, dans n'importe quel genre, du moment que le bénéficiaire est totalitaire, recevoir en grande pompe son homologue iranien, juste après que la France eut rompu les relations diplomatiques avec Téhéran! Joli échantillon de la fameuse « coopération européenne antiterroriste », qui devait constituer, paraît-il, le grand succès de l'année 1987. Bien sûr, la R.F.A. veut récupérer deux otages ouest-allemands capturés, au début de cette même année, à Beyrouth, et que l'Iran veut échanger contre deux tueurs détenus en Allemagne. Mais si M. Genscher n'a pas encore saisi qu'en prodiguant ses caresses au ministre iranien, il ne fait que lui confirmer l'efficacité des prises d'otages et l'encourager à les poursuivre, ne devrait-il pas abandonner sa fonction? Non pas ! Il est trop excellent praticien du style diplomatique occidental, et nous aurions tort de nous priver d'un aussi brillant chef d'école.

École que la Suisse, dans sa neutralité, n'a jamais fréquentée, mais dont elle a intuitivement deviné les principes. Elle a fait, en juillet 1987, une entrée pleine de fougue et d'abattage sur la scène internationale du terrorisme, en reprenant, au pied levé, le rôle de cocu magnifique et moralisateur, longtemps tenu par la France avec cette conscience de sa supériorité qui ravissait tous les amateurs. En refusant d'extrader un terroriste lié au réseau pro-iranien et « proche » du Hezbolla, un Libanais soupçonné d'avoir participé à des attentats à Paris, la Suisse a fait le raisonnement que faisait la France voilà dix ans, avec les résultats que l'on connaît. Croyant détourner le terrorisme vers ses voisins, elle l'a concentré chez elle. De plus, à cette occasion, un membre du gouvernement régional genevois s'est livré à des considérations que l'on n'avait plus entendues depuis longtemps, je veux dire depuis l'époque où les terroristes internationaux jouissaient encore d'un certain prestige « révolutionnaire » de « justiciers » au sein de la gauche. La Suisse, proféra le politicien helvétique, refuse toute vision simpliste et manichéenne; elle tient la balance égale entre Khomeiny et ceux qui se plaignent de lui; elle ne donne tous les torts à aucun des deux côtés. Quand on sait que Genève sert de plaque tournante à la police secrète iranienne et de base logistique à ses terroristes, on est consterné par tant de flegme. Cette « impartialité » entre les assassins et leurs victimes nous enseigne que tout pays nouvellement affecté par le terrorisme refait les erreurs de ses devanciers, sans rien en apprendre. Comme disent les biologistes, « l'ontogenèse répète la phylogenèse ». En clair : chaque individu, dans son développement embryonnaire, retraverse les étapes de l'espèce durant son évolution.

Les gouvernements croient habile de laisser repartir libres des terroristes. La France a relâché Abou Daoud en 1977, l'Italie Abou Abbas en 1985, instigateurs respectivement du massacre des athlètes israéliens aux jeux Olympiques de Munich en 1972 et du détournement du paquebot *Achille Lauro* en 1985. Mais il y eut mieux. En 1978, l'ambassade d'Irak à Paris fait appel aux autorités françaises pour l'aider à se débarrasser d'un terroriste palestinien qui a envahi ses bureaux et pris des otages (les terroristes s'exterminent aussi entre eux). Sur l'ordre personnel de Giscard, une gigantesque mobilisation policière s'opère pour sauver les Irakiens. Quand le Palestinien décide, après des heures de pourparlers, de se livrer aux Français et que deux inspecteurs de police le conduisent vers une voiture pour l'emmener, plusieurs « diplomates » irakiens armés ouvrent le feu en direction du trio (pour tuer le Palestinien qui, sans doute, en savait trop) et atteignent l'inspecteur Capela, qui meurt sur le coup. Eh bien! le surlendemain, les trois tueurs irakiens, soi-disant couverts par l'immunité diplomatique, sont repris par le pouvoir politique à la police qui les avait interpellés, et renvoyés à Bagdad.

De la même manière, en 1984, deux tireurs, opérant depuis les fenêtres du « Bureau du peuple » libyen à Londres, ouvrent le feu sur des manifestants libyens antikadhafistes qui défilaient pacifiquement sur le trottoir d'en face. Ils tuent – décidément, c'est une habitude – un policier, une femme, qui n'était pas armée et qui leur tournait le dos pour surveiller les manifestants et les empêcher d'approcher de trop près de l'ambassade dite « Bureau du peuple ». Dix jours plus tard, par les soins du gouvernement britannique, les assassins pouvaient regagner leur pays en toute tranquillité. Aux funérailles de la policière, le ministre de l'Intérieur, Léon Brittan, affirma dans son discours qu'aux termes de la Convention de Vienne, l'arrestation de tels assassins était malheureusement interdite.

Rien n'est plus faux. Comme pour les Irakiens de Paris, nous voyons nos gouvernements élargir *à leur propre détriment* la notion d'immunité diplomatique. Pour la commodité des États terroristes, ils enrichissent d'articles imaginaires la Convention de Vienne, en contradiction avec ce qu'elle stipule. En effet, l'article 41, section 3 de la Convention spécifie que « les locaux des missions diplomatiques ne devront pas être consacrés à des usages incompatibles avec les fonctions de la mission, telles qu'elles sont énumérées dans la Convention, ou avec les autres règles du droit international ». Or il est évident que ces fonctions et ces règles, aux termes de la Convention de Vienne, ne comportent pas que les locaux de la mission soient tranformés en dépôt d'armes et de munitions ni qu'ils servent de centre d'opérations pour des bandes armées. De même, l'article 27, seçtion 4, stipule que la valise diplomatique « doit contenir seulement des documents diplomatiques ou des objets destinés à l'usage officiel ». Sauf par un faux calcul de « raison d'État » qui se retourne régulièrement contre ceux qui le font, tout gouvernement a donc le droit, en toute légalité, de suspendre l'immunité diplomatique des agents d'une ambassade étrangère qui ont violé de façon patente les articles que je viens de citer. Il faut être tombé à un degré de masochisme politique et de mépris de soi peu communs pour continuer à considérer comme couverts par l'immunité diplomatique et s'interdire d'arrêter des gens qui tirent au fusil-mitrailleur sur la voie publique à partir des fenêtres d'une chancellerie!

On pose mal la question de la « responsabilité des médias » dans le terrorisme. On se demande uniquement si les médias n'entrent pas dans le jeu des terroristes en rapportant leurs actes et donc en leur procurant la publicité et les moyens d'effrayer l'opinion qui font le plus clair de leur efficacité. On suggère périodiquement une « autodiscipline » et une « concertation » de la presse et des médias, lesquels conviendraient de couper l'herbe sous le pied de la propagande terroriste en « faisant silence » sur leurs crimes. On voit le réalisme d'une telle suggestion. Comment imaginer que la télévision, la presse, les agences de nos sociétés ouvertes s'abstiennent de mentionner un détournement d'avion, l'assassinat d'une personnalité en vue, l'explosion d'une voiture piégée? Rêver de cette autocensure est utopique, parce que contraire à toute la logique du fonctionnement spontané d'une société de presse libre. Car il faut le redire ici comme dans bien d'autres contextes : la supériorité des systèmes totalitaires et des activités totalitaires (telles que le terrorisme) sur les démocraties est de pouvoir exploiter toutes les ressources propres et inhérentes à la démocratie, sur son sol même, en vue de la détruire. Mais nous ne pouvons, nous, faire que ces ressources n'existent pas sans altérer la démocratie. Notre société est ce qu'elle est, mais nous pouvons la défendre à partir de ce qu'elle est, non en rêvant aux moyens qu'elle n'a pas, mais avec ceux qu'elle a.

C'est là qu'intervient la vraie responsabilité des médias et de la presse, qui consiste non à décider de parler ou non du terrorisme, mais à en parler avec exactitude. La question n'est pas : informer ou ne pas informer; elle est : informer mal ou bien. Elle se pose au sujet de la *valeur* des informations et des analyses fournies, non à propos de l'*existence* de la communication elle-même. Et, par exemple, la presse aurait pu aider la démocratie en dénonçant plus tôt et avec énergie les extensions abusives de la notion d'immunité diplomatique et les interprétations naïvement complaisantes de la Convention de Vienne.

Elle aurait pu aussi l'aider en évitant de retomber, chaque fois que l'occasion s'en répète, dans ce que j'appelle le cliché économiste. Avec la recrudescence des attentats en Corse, on a vu refleurir le raisonnement selon lequel la « répression » ne suffirait pas, et devrait être accompagnée par le « traitement en profondeur » des causes économiques du terrorisme.

Or, raisonner ainsi, c'est déjà entrer dans le système de pensée terroriste. D'abord parce que c'est accepter l'affirmation que le fameux traitement en profondeur n'aurait jamais été appliqué, ce qui est faux. Ensuite et surtout, c'est accepter l'hypothèse selon laquelle il existerait un lien de cause à effet logique entre la situation économique en Corse et la violence. C'est là, malheureusement, prendre un délire systématisé pour une explication rationnelle.

Il n'y a aucun département français qui ne s'estime d'une manière ou d'une autre lésé sur le plan national. Si les habitants de tous les départements se jugeaient dès lors autorisés à recourir au terrorisme, la France entière ne serait qu'un immense champ de tir, et une décharge publique de cadavres. Souscrire à l'idée que le mécontentement conduit normalement à la violence, c'est nier la démocratie, qui est précisément le système permettant de pallier le mécontentement sans luttes armées.

En outre, quand bien même voudrait-on satisfaire les revendications du Front national de libération de la Corse qu'on ne le pourrait pas. Elles sont en effet incohérentes et contradictoires. Le F.L.N.C. veut arracher la Corse à son relatif sous-développement, mais en même temps il refuse les investissements venus de l'extérieur, il plastique les commerces, les entreprises qui sont créées par des « continentaux », il assassine les gens qui viennent établir des affaires et fournir des emplois. Seuls des Corses devraient, paraît-il, avoir le droit de créer des entreprises et de travailler eux-mêmes sur place. Imaginons ce que serait l'économie française si chaque département français avait raisonné ainsi et appliqué ce principe. Que serions-nous si toute activité avait été en France de tout temps interdite, sous peine de mort, à quiconque n'était pas natif du département où cette activité était exercée? Paris serait encore à l'état de forêt primitive. Notre flotte commerciale ne suffirait pas à transporter tous les Corses qu'il faudrait refouler vers leur département d'origine.

Un autre exemple de l'irréalisme économique des autonomistes : leur attitude à l'égard du tourisme. Selon eux, il serait humiliant pour la Corse d'être une région touristique. Le tourisme serait une « aliénation », une forme de colonialisme. D'où les plastiquages contre les résidences secondaires et les assassinats dans les clubs de vacances. Ainsi donc, d'après le F.L.N.C., des pays comme l'Espagne, l'Italie, la Grèce, la Suisse, le Mexique, dont le tourisme crée la prospérité pour une part très large et parfois prépondérante, seraient méprisables. Ces pays pitoyables n'auraient ni indépendance politique ni originalité culturelle. En Allemagne, la province la plus touristique, la Bavière, serait, à ce compte fort à plaindre. Il faudrait « libérer » tous ces malheureux. On voit à quelles conclusions risibles conduit ce type de raisonnement.

La Corse a certainement beaucoup de problèmes, comme maintes autres régions françaises. Mais imaginer un lien « génétique » entre ces problèmes et le terrorisme est une erreur. Le terrorisme en démocratie est une mentalité paranoïaque autonome sans rapport avec des conditions objectives. On ne le calme pas au moyen d'une action logique sur la réalité. On ne peut d'ailleurs pas donner aux terroristes ce qu'ils demandent, pour la bonne raison que ce qu'ils demandent n'existe pas. Ou plutôt si, cela existe : c'est le modèle albanais. Et encore! L'Albanie est fort pauvre et fort peu libre. Obtenir à la fois la fermeture totale de l'île et la prospérité corse n'est pas possible. La prospérité est, partout et toujours, venue de la libre circulation des capitaux, des personnes et des idées. Mais pas des armes. Au lieu de considérer le marasme économique comme cause du terrorisme, nous ferions mieux de remarquer que dans l'Histoire, c'est, plus souvent encore, le terrorisme même qui est la cause de la ruine économique : témoin, le déclin du Pays Basque espagnol depuis dix ans. Un simple coup d'œil sur les cas italien et allemand devrait suffire à ruiner la thèse économiste. Le terrorisme italien est né et a grandi au moment où l'Italie venait de connaître le plus grand bond économique de son histoire et pénétrait dans la société d'abondance. Quant à la République fédérale d'Allemagne, dans les années 70, elle dépassait souvent le niveau de vie américain.

Traitons donc le terrorisme en tant que tel et le développement économique en tant que tel : ne mélangeons pas folie sanguinaire et droits de l'homme, assassinats et développement.

Sans notre complaisance, le mirage iranien, entre autres fléaux, n'eût jamais pris forme. Les gouvernements qui relâchent des terroristes pour « raison d'État » s'imaginent consentir un sacrifice mineur destiné à leur permettre de « normaliser » leurs relations avec les capitales terroristes et les convaincre notamment, ainsi, de renoncer au terrorisme. C'est pourquoi le dirigeant politique éprouve souvent une contrariété d'autant plus vive qu'il doit la cacher, lorsque sa volonté d'apaisement se trouve mise en échec par un « succès » inopiné de sa police, ou l'entêtement d'un juge d'instruction, découvrant soit des charges nouvelles contre un terroriste détenu, soit de nouveaux réseaux obéissant aux ordres du pays mensongèrent proclamé innocent de toute activité terroriste. Aussi l'arrestation de terroristes pro-iraniens, en mars 1987, embarrassa-t-elle le gouvernement français. Son porte-parole, Denis Baudouin, déclara le 27 : « L'arrestation n'a pour l'instant aucune conséquence sur les relations avec Téhéran. » On remarquera le retournement des irritations naturelles que l'on aurait pu attendre. La police trouve des terroristes iraniens en France; leur chef opère depuis l'ambassade, mais ce qu'on craint, c'est que l'Iran se fâche, non la France. On s'empresse de rassurer Téhéran : Paris poursuivra la « normalisation » des relations franco-iraniennes. Comment Paris a-t-il pu caresser ce rêve tout en continuant à vendre des armes à l'Irak, qui tout de même, ne l'oublions pas, a été l'agresseur dans la guerre avec l'Iran? Seule l'Union soviétique peut jouer impunément un jeu de ce genre, pas une démocratie. De plus, l'erreur mortelle des gouvernements démocratiques, dans leurs tractations souterraines avec les États terroristes, est de faire entrer en ligne de compte l'absolution d'actes terroristes comme monnaie d'échange dans une négociation. Dès lors les États terroristes commettent davantage d'attentats pour avoir en main davantage de monnaie d'échange. La pression terroriste exercée sur les démocraties ne cesse de monter en fonction de sa rentabilité.

Les émeutes sanglantes de La Mecque, le 31 juillet 1987, déroulent le scénario parfait de la façon dont s'y prennent les États terroristes pour enfermer les autres dans une situation où ils sont mis en accusation et désignés à une vengeance fanatique, pour des actes qu'ils n'ont pas commis. Ne les ayant pas commis, ils ne peuvent donc pas « céder » pour faire cesser les représailles dont on les menace. Présenter l'agression pure comme une *réplique,* et exiger des concessions pour faire cesser cette prétendue réplique, tel est le grand art terroriste.

Suscitée par Téhéran, la manifestation armée du 31 juillet avait pour cible les États-Unis, parce que ceux-ci tentaient de faire observer le principe de la liberté de navigation dans le Golfe. Réprimée par les forces de l'ordre saoudiennes (d'ailleurs totalement débordées), l'émeute fournit à la « Révolution iranienne », les « martyrs » nécessaires pour appeler la vengeance de l'Iran contre l'Occident tout entier, dont l'Arabie Saoudite est considérée en l'occurrence comme un simple prête-nom. Les Européens sont donc mal récompensés d'avoir trahi les États-Unis : la campagne terroriste annoncée leur est destinée à eux aussi, et le Golfe doit leur être fermé à eux aussi, quoiqu'ils aient refusé de participer au déminage des eaux, de peur de déplaire à l'Iran. Ce qui achève de rendre absurde cette situation, c'est que l'Iran avait besoin, plus que tout autre pays pétrolier, de la liberté de navigation, pour se procurer, grâce à ses exportations, les moyens de financer sa guerre avec l'Irak. Pour punir l'Iran de son terrorisme, il aurait donc fallu *à la fois* refuser d'acheter son pétrole (ce qu'a voulu faire la France) et assurer par la force la liberté de navigation des *autres* fournisseurs. Divers éditoriaux de la presse anglaise du 3 août brodaient sur le thème : « La manifestation antiaméricaine de La Mecque montre à quel point la Grande-Bretagne a été sage de se tenir à l'écart en refusant de s'associer au déminage des eaux du Golfe. » J'aurais plutôt tendance à écrire, quant à moi : « Le refus de la Grande-Bretagne (et d'autres pays européens) de participer au déminage des eaux du Golfe montre à quel point l'Iran a été sage de brandir les menaces qui ont suffi à dissuader les alliés des États-Unis de venir appuyer la flotte américaine. » La façon est savoureuse dont nous métamorphosons notre couardise en signe de haute intelligence, et en triomphe européen une victoire iranienne.

Stérile servilité! En outre, dans le cas iranien, aux habituelles discordes entre les démocraties se sont ajoutées en France les discordes entre dirigeants, entre socialistes et libéraux, entre la présidence de la République et le gouvernement, chacun menant sa partie contre l'autre. La séduction du mirage iranien constitue un sommet dans l'histoire de la crédulité béate.

Inconscientes de leurs déboires, et poursuivant méticuleusement l'application des méthodes qui les leur ont valus, les démocraties n'ont toujours pas réussi à se mettre dans la tête qu'elles n'obtiendront pas les bonnes grâces des régimes totalitaires ou des potentats fanatiques en leur accordant des avantages unilatéraux. Leurs adversaires ne les paieront jamais de retour et, tout au contraire, utiliseront contre elles pour les attaquer, avec une ardeur redoublée, les positions favorables qu'ils leur auront extorquées.

15 août 1987

INDEX

Table

Mieux que des rééditions,

Pluriel

propose de nouvelles
éditions de titres « classiques »
ou récents dans une
présentation éditoriale
de qualité – préfaces, notes,
revues de presse, etc. –
qui en facilite l'accès
et en renouvelle l'intérêt.
Des inédits font le point
sur les grandes questions d'actualité.

« ... « Pluriel » marque incontestablement une date dans l'édition des sciences humaines, car cette collection, loin de se cantonner dans la simple réimpression d'ouvrages rares ou épuisés, vise à rivaliser avec l'édition grand format, voire à faire mieux qu'elle... »

Nicole Zand, *Le Monde des Livres*, Le Monde.

Philosophie

Raymond Aron

Essai sur les libertés

Les libertés politiques, personnelles, intellectuelles dont jouissent les citoyens des sociétés libérales n'ont-elles aucune portée effective? Une « révolution » modifiant la propriété des moyens de production peut-elle seule instaurer et garantir une liberté réelle?

Édition revue et augmentée d'un ouvrage essentiel de la réflexion socio-politique contemporaine sur un thème inépuisable et d'une actualité permanente. 8301

Benjamin Constant

De la liberté chez les Modernes

Entre tous les auteurs politiques oubliés ou négligés du XIXe siècle, s'il en est un auquel il est temps de rendre justice c'est assurément Benjamin Constant. Le très célèbre auteur d'*Adolphe* a été aussi – on l'a trop longtemps méconnu – un des théoriciens les plus originaux et les plus conséquents du libéralisme. Réunissant un ensemble de textes devenus pour la plupart introuvables, c'est cet aspect de son œuvre que ce volume met vigoureusement en lumière.

Édition établie, présentée et annotée par Marcel Gauchet. 8346

René Girard

Mensonge romantique et vérité romanesque

Nous nous croyons libres, autonomes dans nos choix, que ce soit celui d'une femme ou d'une cravate. Illusion romantique! En réalité, comme le montre René Girard à partir d'une analyse renouvelée des plus grands chefs-d'œuvre de la littérature romanesque, nous ne choisissons que des objets désirés par les autres, mus, le plus souvent, par ce que Stendhal appelle les sentiments *modernes,* fruits de l'universelle vanité : « L'envie, la jalousie et la haine impuissante. » 8321

La Violence et le sacré

S'appuyant à la fois sur une relecture très personnelle des tragiques grecs et sur une discussion serrée des principaux systèmes d'explication, en particulier la psychanalyse, René Girard remonte aux origines de l'édifice culturel et social qui est au cœur de notre civilisation, pour y découvrir le rôle fondamental de la « violence fondatrice » et de la « victime émissaire ».
8352

André Glucksmann

Cynisme et passion

Depuis son apparition, notre espèce n'a de cesse de se mettre en voie de disparition. Témoins : la tragédie d'Oreste, les guerres de Religion, la dissuasion nucléaire. Elle affronte des tensions fulgurantes, mais elle expérimente aussi des répliques avec la longue-vue du cynisme et les microscopes de la passion. Contre les fatalités de notre temps, ce sont les actes de naissance et de renaissance du sujet individuel (Montaigne), pathétique (Eschyle) et souverain (Bodin) qu'André Glucksmann nous fait revivre. Depuis deux mille ans, il n'est d'autre moment pour penser que celui des crises.
8393

Daniel Halévy

Nietzsche

« L'homme a beau s'étendre, autant qu'il le peut, par sa connaissance, a écrit Nietzsche, il a beau s'apparaître aussi objectivement qu'il le veut ; il n'en retire cependant pour finir que sa propre biographie. » S'il appartient au biographe d'éclairer, voire d' « expliquer » l'œuvre par l'homme, peu d'écrivains ou de philosophes justifient autant que Nietzsche cette ambition et cette méthode ; car il en est peu, comme le montre Daniel Halévy, chez qui l'œuvre adhère aussi étroitement à la biographie intérieure.

Nouvelle édition présentée et annotée par Georges-Arthur Goldschmidt et Georges Liébert.
8307

Péguy

Alors que les études et les recherches consacrées à Péguy se renouvellent et se multiplient, voici réédité un témoignage irremplaçable sur ce contempteur du « monde moderne » en qui W. Benjamin voyait « une immense mélancolie maîtrisée ».

Nouvelle édition présentée et annotée par Eric Cahm ; préface de Robert Debré.
8337

André Jardin

Alexis de Tocqueville

En cette fin du XXᵉ siècle, l'œuvre d'Alexis de Tocqueville connaît un exceptionnel regain de faveur. Les études qui lui sont consacrées se multiplient partout dans le monde. Les hommes politiques ne cessent de s'en réclamer et les intellectuels d'en découvrir la richesse. Mais, paradoxalement, Tocqueville n'avait fait jusqu'ici l'objet d'aucune étude biographique approfondie. D'où l'intérêt de ce livre écrit par un des meilleurs spécialistes du sujet. Cette biographie sera désormais indispensable à la connaissance, et même à la lecture, d'un des plus grands penseurs politiques modernes. 8474

Bertrand de Jouvenel

Du pouvoir

Fasciné par la croissance ininterrompue du pouvoir qui rendit possible la guerre *totale* déclenchée par Hitler, Bertrand de Jouvenel s'est donné pour tâche d'étudier cette croissance, ce gonflement irrésistible qui aboutit au contraste inquiétant que nous constatons aujourd'hui, entre les moyens formidables dont dispose l'État et le relâchement dans le contrôle de leur emploi. Protecteur de l'ordre social, le pouvoir en est tout autant l'agresseur, et avec la complicité de tous : pour tout faire, comme on l'attend de lui, ne faut-il pas qu'il puisse tout?

Un classique de la philosophie politique et de la pensée libérale.

8302

Pierre Manent

Les Libéraux *Inédit*

Alors que le libéralisme est devenu un mot magique, ou un épouvantail, il importe plus que jamais de savoir, en profondeur, ce qu'il est, en interrogeant son histoire et les textes fondamentaux qui ont ponctué son développement. De Milton à Locke, de Spinoza à Montesquieu, d'Adam Smith à Hayek, de Benjamin Constant et Tocqueville à Raymond Aron, de grands esprits ont cherché quelles institutions politiques, sociales, économiques, peuvent le mieux garantir aux hommes sécurité, prospérité et liberté.

Pierre Manent leur donne ici la parole en présentant de nombreux et larges extraits de leurs œuvres. Mais ce livre est plus qu'une anthologie : s'ouvrant par un essai qui analyse le sens du libéralisme, analysant le contexte historique et intellectuel de chaque œuvre citée, il offre une histoire raisonnée de la doctrine politique fondamentale de notre temps. 8447

Friedrich Nietzsche

Par-delà le bien et le mal

« Ce livre est, pour l'essentiel, une *critique de la modernité* – sans en exclure les sciences modernes, les arts modernes, ni même la politique moderne, écrivait Nietzsche en 1888. Il contient aussi des indications sur un type opposé, aussi peu moderne que possible, un type aristocratique, qui « dit oui ». Dans ce sens, ce livre est une école du *gentilhomme,* en prenant ce mot dans un sens plus intellectuel et plus *radical* qu'on ne l'a jamais fait. ... Tout ce dont notre époque est fière, on le ressent ici comme opposé à ce type, et presque comme de mauvaises manières, par exemple la fameuse « objectivité », la « sympathie pour tous ceux qui souffrent », le « sens historique », avec sa soumission au goût des autres... On ne trouvera pas dans ce livre une seule parole indulgente... »

Édition présentée par Daniel Halévy. 8448

Jean-François Revel

Pourquoi des philosophes, *suivi de* La Cabale des dévots

Mise en question de l'essence même de l'activité philosophique, ces deux essais, qui ne forment en fait qu'une seule œuvre, sont aussi un salutaire et vigoureux exercice d'hygiène intellectuelle contre les entraînements et les dévergondages de la passion idéologique. Au fil des modes parisiennes – marxisme, psychanalyse, structuralisme... que J.-F. Revel a, le premier, dénoncées avec brio, ces pamphlets philosophiques se sont affirmés comme un classique d'une inaltérable actualité. 8339

Jean-Jacques Rousseau

Du contrat social

L'œuvre la plus célèbre, et la plus obscure, de l'auteur le plus vanté, le plus maudit et qui a exercé la plus grande influence sur le développement des croyances et institutions politiques de l'Europe.

Nouvelle édition de ce classique de la philosophie politique, précédée d'un important *Essai sur la politique de Rousseau* par Bertrand de Jouvenel, accompagnée de notes de Voltaire et d'autres contemporains de l'auteur, et suivie de deux autres essais de Bertrand de Jouvenel sur la pensée de Rousseau. 8326

Raymond Ruyer

La Gnose de Princeton

La crise religieuse de notre époque est d'abord et surtout une crise de tous les mythes qui contredisent la connaissance scientifique. Les hommes, saturés d'informations de toutes sortes, ont toujours les mêmes aspirations religieuses, mais ils ne peuvent plus croire aux récits imaginaires, pieux ou fantaisistes. *La Gnose de Princeton* offre le seul récit non réfutable par la science parce qu'il n'est que la science, mais retournée – ou plutôt remise à l'endroit.

Un livre déconcertant, qui renverse nombre de perspectives, comme en témoigne la « revue de presse » détaillée qui figure dans cette nouvelle édition.

8303

IMPRIMÉ EN FRANCE PAR BRODARD ET TAUPIN
Usine de La Flèche (Sarthe).
HACHETTE/PLURIEL - 79, bd Saint-Germain - Paris.
ISBN : 2-01-013144-4
ISSN : 0296-2063

27.8508.7